سجل المخاطر

Mohmmed Qasem

Published by Mohmmed Qasem, 2024.

قائمة المحتويات

مقدمة

المخاطر جزء لا يتجزأ من الحياة، تؤثر على القرارات على جميع المستويات، سواء كانت شخصية أو مهنية أو تنظيمية. إن إدارة المخاطر بفعالية ليست مجرد عملية تفاعلية، بل هي نهج استباقي يهدف إلى توقع الشكوك، وتقليل تأثيرها، والاستفادة من الفرص التي قد تقدمها.

يهدف هذا الكتاب، **"سجل المخاطر للمبتدئين"**، إلى تقديم مقدمة شاملة حول مفهوم إدارة المخاطر والدور المحوري الذي يلعبه سجل المخاطر. سيتعرف القراء على ماهية المخاطر وكيفية ظهورها والخطوات المطلوبة للتعامل معها بشكل منهجي. مع أمثلة عملية وقوالب وشروحات واضحة، يقدم الكتاب دليلاً أساسياً للأفراد والمؤسسات الراغبة في تنفيذ ممارسات إدارة مخاطر منظمة.

تشمل الموضوعات الرئيسية في الكتاب:

- مقدمة حول المخاطر وأنواعها.
- دورة حياة المخاطر، من التعريف إلى التخفيف.
- كيفية إنشاء سجل مخاطر وصيانته.
- أمثلة عملية على سجلات المخاطر في مختلف الصناعات.
- أدوات وتقنيات متقدمة لتعزيز ممارسات إدارة المخاطر.

سواء كنت مبتدئًا في مجال إدارة المخاطر أو محترفًا تسعى لتحسين نهجك، فإن هذا الكتاب يوفر الأدوات والمعرفة والإلهام اللازمين لتحويل المخاطر إلى عناصر يمكن التحكم بها وغالبًا ما تكون مفيدة في عملك.

إدارة المخاطر عبر التاريخ

إن إدارة المخاطر مفهوم عميق الجذور في تاريخ البشرية، يعكس الرغبة الفطرية في التعامل مع الشكوك وضمان النجاح. عبر الحضارات والثقافات، تم تطبيق مبادئ مختلفة لإدارة المخاطر بهدف التنبؤ بالتحديات ومعالجتها. ومن بين أعظم مصادر التوجيه، نجد **تعاليم المسلمين في كتابهم المقدس**، الذي يقدم حكمة خالدة حول كيفية إدارة المخاطر بموازنة التخطيط، والمساءلة، والاعتماد على الله بشرط اتخاذ كافة الحذر الاحتياطات والتدابير الممكنة المعقولة.

يشدد القرآن الكريم على أهمية التخطيط، والحذر، والتعاون في التعامل مع الشكوك:

1. التخطيط واتخاذ الاحتياطات

(وَأَعِدُّوا لَهُم مَّا اسْتَطَعْتُم مِّن قُوَّةٍ وَمِن رِّبَاطِ الْخَيْلِ تُرْهِبُونَ بِهِ عَدُوَّ اللَّهِ وَعَدُوَّكُمْ) ـالأنفال: 60-

تسلط هذه الآية الضوء على ضرورة الإعداد والتخطيط الاستراتيجي لتقليل المخاطر.

(وَخُذُوا حِذْرَكُمْ...) ـالنساء: 102-

تشير هذه الآية إلى أهمية أخذ الحيطة، مع التشجيع على اتخاذ قرارات جريئة عند الاستعداد الجيد.

2.تنويع الجهود

(هُوَ الَّذِي يُسَيِّرُكُمْ فِي الْبَرِّ وَالْبَحْرِ) يونس: 22-

توضح هذه الآية قيمة استكشاف مسارات متعددة لتقليل الاعتماد على نهج واحد فقط.

3.الشورى والتعاون

(وَشَاوِرْهُمْ فِي الْأَمْرِ، فَإِذَا عَزَمْتَ فَتَوَكَّلْ عَلَى اللَّهِ) ـآل عمران: 159-

يشير هذا المبدأ إلى أهمية الحكمة الجماعية، والتشاور، والتعاون في اتخاذ قرارات مستنيرة.

4.المساءلة وتحمل المسؤولية

(لَهَا مَا كَسَبَتْ وَعَلَيْهَا مَا اكْتَسَبَتْ) ـالبقرة: 286-

المساءلة وتحمل المسؤولية الواضحة عنصران أساسيان في إدارة المخاطر بفعالية.

5.التوكل على الله مع بذل الجهد

(وَعَلَى اللَّهِ فَلْيَتَوَكَّلِ الْمُتَوَكِّلُونَ) ـآل عمران: 159-

تجمع إدارة المخاطر بين الاجتهاد البشري والاعتماد الروحي، مع الثقة بأن النتائج تتماشى مع الحكمة الإلهية.

6.تجنب المخاطر غير الضرورية

(وَلَا تُلْقُوا بِأَيْدِيكُمْ إِلَى التَّهْلُكَةِ) ـالبقرة: 195-

تحذر هذه الآية من التصرفات الطائشة التي قد تؤدي إلى الأذى، وتشجع على اتخاذ قرارات محسوبة لتجنب المخاطر غير الضرورية.

7.التعامل مع عدم اليقين

(وَمَا تَدْرِي نَفْسٌ مَّاذَا تَكْسِبُ غَدًا، وَمَا تَدْرِي نَفْسٌ بِأَيِّ أَرْضٍ تَمُوتُ) لقمان: 34-

يبرز النص القرآني حقيقة أن البشر يواجهون دائمًا عدم اليقين، وأن التخطيط مع الاعتماد على الله يساعد في التعامل مع هذا الواقع.

8.تقاسم المخاطر والمسؤولية الاجتماعية

(وَتَعَاوَنُوا عَلَى الْبِرِّ وَالتَّقْوَى) ـالمائدة: 2-

تؤكد هذه الآية على قيمة المسؤولية الجماعية في التعامل مع التحديات والشكوك.

9.تقييم النتائج

(وَالْعَاقِبَةُ لِلْمُتَّقِينَ) ـالنحل: 30ـ

يشير هذا إلى أهمية تقييم النتائج للتأكد من توافقها مع الأهداف المستدامة والأخلاقية.

في الختام، تقدم مبادئ إدارة المخاطر ـالتخطيط، الشورى، المساءلة، والتوكل ـرؤية شاملة وعالمية. من خلال استكشاف المنظور التاريخي والتوجيهات القرآنية، يقدم هذا الكتاب إطارًا عمليًا لإدارة المخاطر وفهمًا أعمق لأبعادها الملموسة الأخلاقية والروحية.

الفصل الأول: فهم المخاطر

المقدمة

في كل مشروع أو مبادرة أو نشاط تجاري، تكون حالة عدم اليقين دائمًا موجودة. هذه الشكوك ـ سواء نشأت من العمليات الداخلية، أو الأحداث الخارجية، أو الظروف غير المتوقعة ـ تشكل تهديدات محتملة للنجاح. تُعرف هذه التهديدات عمومًا باسم "المخاطر"، ويمكن أن تعرقل حتى أكثر الخطط إحكامًا.

فهم المخاطر وطبيعتها ودورها في اتخاذ القرار هو الأساس لتخفيف تأثيرها وتحويلها إلى فرص. يتناول هذا الفصل مفهوم المخاطر وخصائصها وأهميتها، مع تقديم إطار عمل مفصل لتحليلها والتعامل معها.

ما هي المخاطر؟

المخاطر هي إمكانية حدوث حدث قد يؤثر على الأهداف. قد تشمل التأثيرات السلبية مثل التأخيرات أو الخسائر المالية، ولكنها قد تمثل أيضًا فرصًا للابتكار والتحسين وتحقيق ميزة تنافسية.

التعريفات الرئيسية

- **المخاطر:** تأثير حالة عدم اليقين على الأهداف (ISO 31000).
- **مخاطر الفرص:** مخاطر تؤدي إلى نتائج إيجابية إذا تم استغلالها بشكل فعال (مثل تبني تقنية جديدة).
- **مخاطر التهديدات:** مخاطر تؤدي إلى آثار سلبية إذا لم يتم تخفيفها (مثل اضطرابات سلسلة التوريد).

الخصائص الرئيسية للمخاطر

1. **عدم اليقين:** المخاطر غير متوقعة وتنطوي على نتائج مجهولة.
2. **التأثير:** يمكن أن تختلف عواقب المخاطر في الحجم.
3. **تعتمد على السياق:** المخاطر فريدة من نوعها بناءً على البيئة أو السيناريو الذي تنشأ فيه.

مثال:

واجهت شركة بناء عالمية خطرًا كبيرًا عندما ارتفعت تكلفة المواد الخام بشكل غير متوقع بسبب اضطرابات التجارة الدولية. في المقابل، أدى استثمارها الاستراتيجي في أساليب البناء المستدامة إلى تقديم ميزة تنافسية في الأسواق البيئية.

وصف مرئي:

رسم بياني **يوضح الطبيعة المزدوجة للمخاطر**، مع سهم ينقسم إلى مسارين:

- **التهديد (تأثير سلبي):** مثال: اضطرابات سلسلة التوريد.
- **الفرصة (تأثير إيجابي):** مثال: تحقيق ميزة تنافسية.

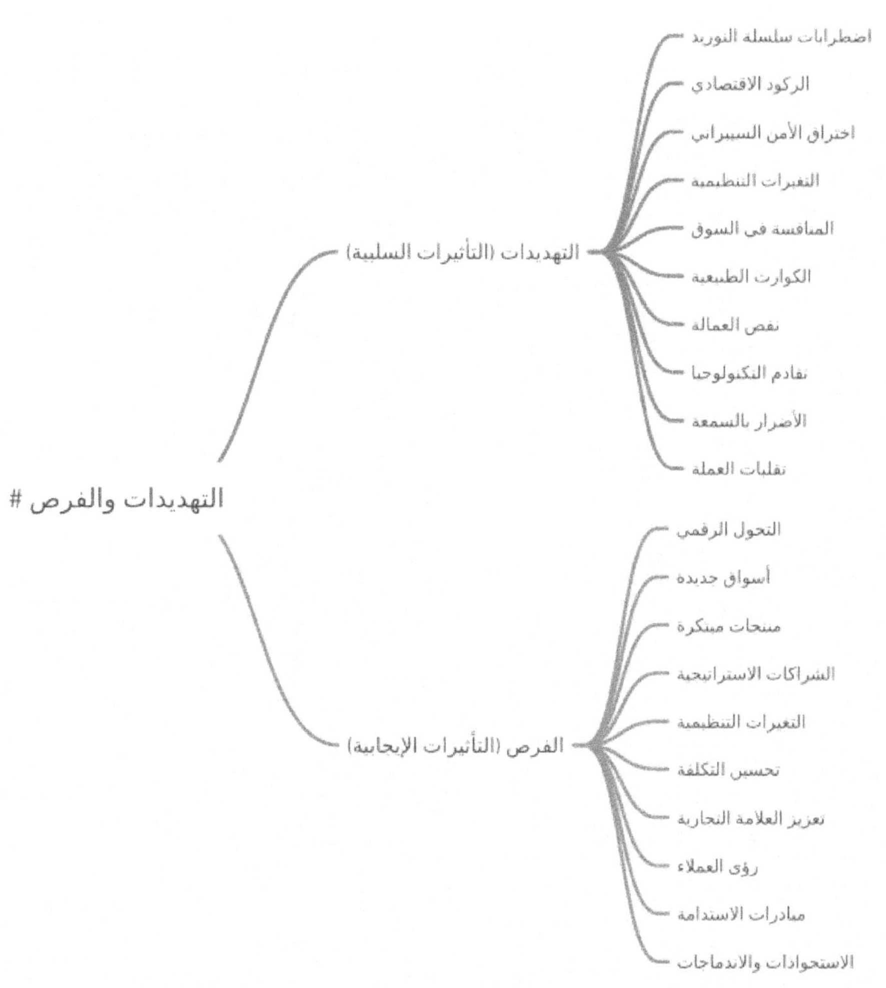

أنواع المخاطر المختلفة

تظهر المخاطر بأشكال عديدة، وتصنيفها يساعد المدراء على فهم طبيعتها وتطوير استجابات مخصصة. فيما يلي الأنواع الرئيسية للمخاطر، مع أمثلة واستراتيجيات للتخفيف منها:

نوع الخطر	الوصف	الأمثلة	استراتيجيات التخفيف
المخاطر الاستراتيجية	قرارات طويلة الأجل تؤثر على الأهداف التنظيمية.	التوسع في سوق جديد دون بحث.	إجراء تحليل شامل للسوق.
المخاطر التشغيلية	المخاطر في الأنشطة اليومية أو العمليات.	تعطل الآلات مما يسبب التأخير.	إجراء صيانة دورية للمعدات.
المخاطر المالية	المخاطر المتعلقة بالتمويل أو الاستثمارات.	تقلبات العملات التي تؤثر على الإيرادات.	التحوط ضد تقلبات أسعار الصرف.
مخاطر الامتثال	المخاطر التنظيمية أو القانونية.	الفشل في الامتثال لمتطلبات GDPR.	تنفيذ أطر عمل امتثال قوية.
المخاطر الخارجية	المخاطر خارج سيطرة المنظمة.	الكوارث الطبيعية التي تعطل العمليات.	تطوير خطط طوارئ وتأمين.
مخاطر المشاريع	المخاطر المرتبطة بالجدول الزمني أو الميزانيات.	تجاوز الميزانية بسبب نقص المواد.	استخدام منهجيات إدارة مشاريع مرنة.

مثال: المخاطر التشغيلية مقابل المخاطر الاستراتيجية

واجهت شركة تصنيع خطرًا تشغيليًا كبيرًا عندما تعطلت إحدى آلات الإنتاج، مما تسبب في تأخير الإنتاج. ومع ذلك، فإن قرارها الاستراتيجي بنقل التصنيع إلى منطقة ذات تكاليف أقل خفف من المخاطر المالية على المدى الطويل.

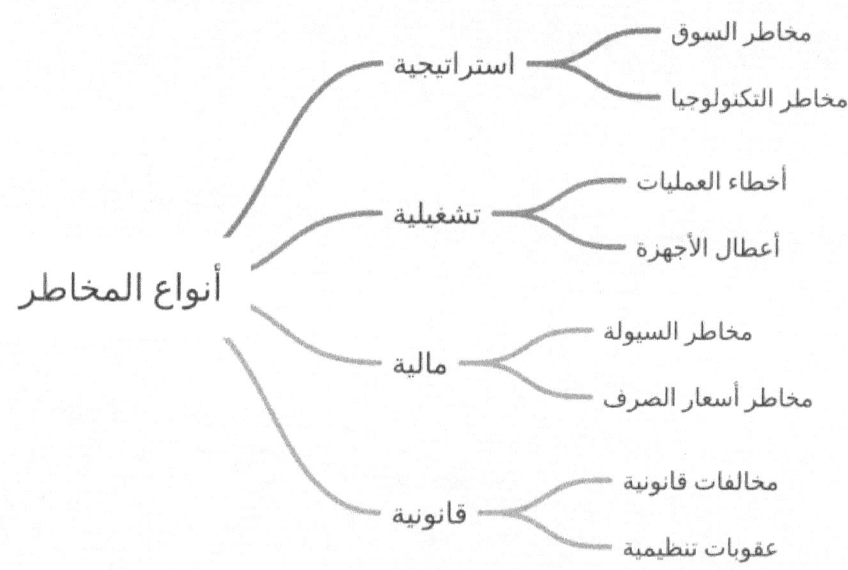

دورة حياة المخاطر

المخاطر ليست ثابتة. فهم دورة حياتها يساعد المنظمات على الاستجابة بمرونة.

1.**الظهور:** النقطة التي يصبح فيها الخطر واضحًا.
◦مثال: تحديد ثغرات الأمن السيبراني في البنية التحتية لتكنولوجيا المعلومات.
2.**مرحلة التأثير:** عندما يتحقق الخطر ويؤثر على الأهداف.
◦مثال: حدوث هجوم إلكتروني يسبب تعطل الأنظمة.
3.**الحل:** الإجراءات المتخذة لإدارة أو تخفيف أو حل الخطر.
◦مثال: تنفيذ جدران حماية أقوى وخطط استرداد.

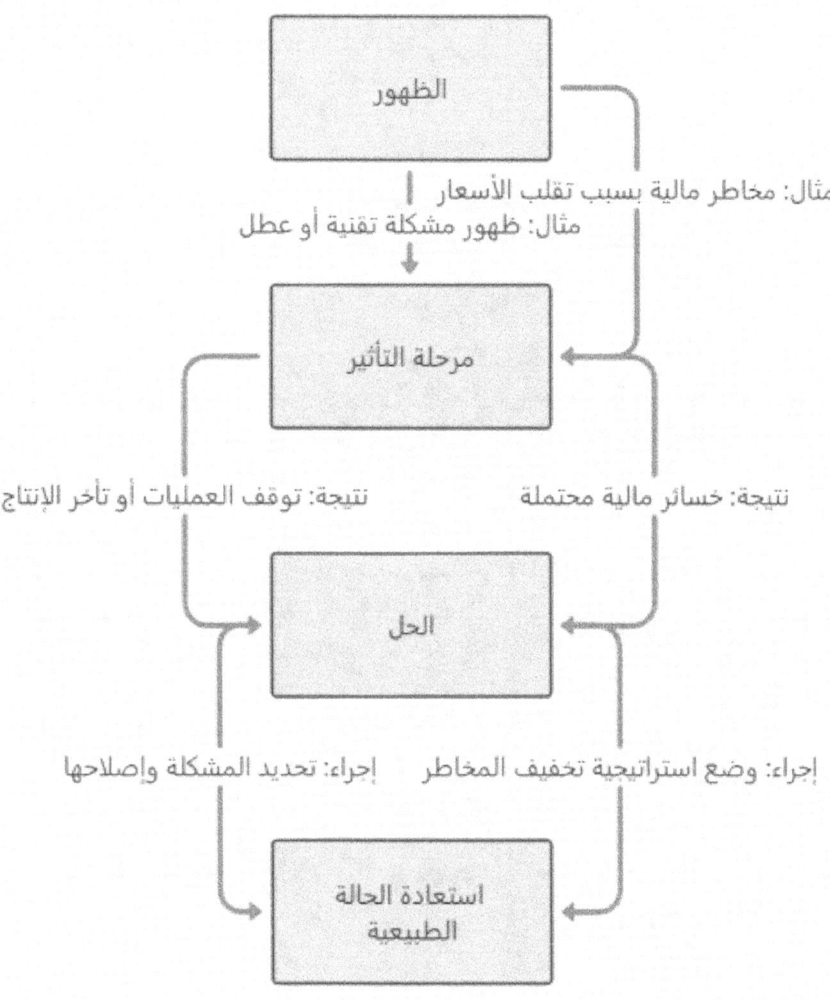

أهمية فهم المخاطر

1.منع الفشل

المخاطر التي تُترك دون معالجة هي السبب الرئيسي لفشل المشاريع والأعمال. تظهر الدراسات أن أكثر من 50% من التأخيرات سببها عدم تحديد المخاطر أو معالجتها بشكل صحيح.

1.تقليل التكاليف

معالجة المخاطر في وقت مبكر يمكن أن يوفر موارد كبيرة. تكلفة منع الخطر غالبًا ما تكون أقل بكثير من تكلفة معالجة عواقبه.

1.تعزيز المرونة

المنظمات المستعدة أفضل للتعافي من الاضطرابات. على سبيل المثال، الشركات التي لديها خطط تعافي قوية من الكوارث تتعافى بشكل أسرع بعد الكوارث الطبيعية.

1.استغلال الفرص

المخاطر التي تتم إدارتها بشكل صحيح يمكن أن تخلق فرصًا جديدة للنمو. لقد استفادت العديد من الشركات من المخاطر المحسوبة مثل تبني تقنيات ناشئة لتحقيق ميزة تنافسية.

على سبيل المثال:

لقد اغتنمت إحدى شركات الأدوية الفرصة من خلال الاستثمار في أبحاث الأدوية الموجهة بالذكاء الاصطناعي. ورغم أن هذا النهج كان مكلفًا، إلا أنه سرع عملية العثور على أدوية جديدة وحقق عائدًا كبيرًا على الاستثمار.

إليك صورة لمساعدتك على فهم الأمر بشكل أفضل:

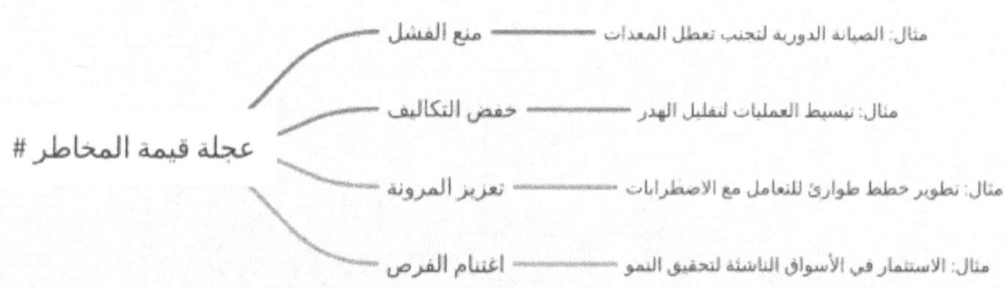

الخاتمة

المخاطر لا مفر منها، ولكن تأثيرها يعتمد على كيفية إدارتها. من خلال فهم دورة حياتها وتصنيفها واستخدام أدوات التقييم، يمكن للمنظمات تحويل الشكوك إلى فرص.

في الفصل التالي، سنقدم **سجل المخاطر**، وهو أداة أساسية لتتبع المخاطر ومعالجتها بشكل منهجي.

الفصل الثاني: ما هو سجل المخاطر؟

المقدمة

إدارة المخاطر بشكل فعال تتطلب أكثر من مجرد تحديدها؛ فهي تتطلب نهجًا منهجيًا لتوثيق هذه المخاطر ومراقبتها والتعامل معها. هنا يأتي دور سجل المخاطر كأداة لا غنى عنها. يُعد سجل المخاطر حجر الزاوية في إدارة المخاطر، حيث يوفر وسيلة منظمة لتتبع المخاطر، ترتيب الأولويات، وضمان المساءلة.

في هذا الفصل، سنتعرف على سجل المخاطر، هدفه، ومكوناته الرئيسية، مما يوفر أساسًا قويًا لبناء واستخدام هذه الأداة الحيوية.

ما هو سجل المخاطر؟

سجل المخاطر، والذي يُشار إليه أحيانًا بسجل التهديدات، هو مستند أو قاعدة بيانات مركزية تقوم بتتبع المخاطر طوال مدة المشروع أو العملية التنظيمية.

الهدف الرئيسي:

- توثيق المخاطر المحددة.
- تحليل احتمالية وتأثير المخاطر.
- توثيق استراتيجيات التخفيف والمسؤوليات.
- توفير تحديثات لحالة كل خطر.

التعريف:

سجل المخاطر هو أداة ديناميكية تساعد المنظمات على:

1. **تحديد وتتبع المخاطر**: تسجيل القضايا المحتملة التي قد تؤثر على الأهداف.
2. **ترتيب أولويات المخاطر**: تصنيف المخاطر بناءً على احتمالية حدوثها وتأثيرها.
3. **مراقبة جهود التخفيف**: تتبع فعالية استراتيجيات التعامل مع المخاطر.

مثال:

يمكن لفريق مشروع بناء أن يستخدم سجل المخاطر لتوثيق التأخيرات المحتملة بسبب الطقس، وزيادة التكاليف، ومخاطر السلامة. من خلال توحيد هذه المعلومات، يمكن للفريق توقع المشكلات واتخاذ خطوات استباقية لتقليل الاضطرابات.

الحالة	خطة التخفيف	المسؤول	التأثير	احتمالية الحدوث	وصف الخطر	معرف الخطر
مفتوح	تخصيص موارد إضافية وتقليل التبعية الزمنية	مدير المشروع	مرتفع	عالية	تأخير في تسليم المشروع	R001
مغلق	اجراء صيانة وقائية دورية	مدير الصيانة	مرتفع	متوسطة	عطل في المعدات الرئيسية	R002
قيد المراقبة	وضع عقود تحوط	مدير المالية	متوسط	منخفضة	مخاطر تقلب الأسعار	R003
مفتوح	مراجعة الامتثال القانوني بشكل دوري	المستشار القانوني	مرتفع	عالية	مخالفات تنظيمية	R004

هدف سجل المخاطر

يعمل سجل المخاطر كأداة لتحقيق الأهداف التالية:

1.توحيد المعلومات:
∘يجمع جميع البيانات المتعلقة بالمخاطر في مستند واحد يمكن الوصول إليه بسهولة.

2.تعزيز التواصل:
∘يضمن توافق جميع الأطراف المعنية حول المخاطر وخطط التخفيف.

3.ضمان المساءلة:
∘يحدد بوضوح من المسؤول عن إدارة كل خطر.

4.تحسين اتخاذ القرارات:
∘يقدم رؤى قابلة للتنفيذ لتوجيه الاستجابات للمخاطر.

المكونات الرئيسية لسجل المخاطر

يحتوي سجل المخاطر الشامل عادةً على العناصر التالية:

الوصف	المكون
معرف فريد لكل خطر (مثل أرقام تسلسلية أو رموز).	معرف الخطر
شرح مختصر للخطر وتأثيره المحتمل.	وصف الخطر
مدى احتمال وقوع الخطر (مثل منخفض، متوسط، مرتفع).	احتمالية الحدوث
مدى شدة تأثير الخطر على الأهداف (مثل منخفض، متوسط، مرتفع).	التأثير
الفرد أو الفريق المسؤول عن مراقبة وإدارة الخطر.	المسؤول

مثال:

الحالة	خطة التخفيف	المسؤول	التأثير	احتمالية الحدوث	الوصف	معرف الخطر
قيد التقدم	الاحتفاظ بمورد بديل	فريق المشتريات	مرتفع	مرتفع	تأخيرات الموردين	001

فوائد استخدام سجل المخاطر

1.تحسين الرؤية:

●يقدم نظرة شاملة على المخاطر وحالاتها.

1.تعزيز التعاون:

●يشجع مشاركة الفريق في تحديد المخاطر وإدارتها.

1.توحيد الوثائق:

●ينشئ مصدرًا موحدًا لجميع المعلومات المتعلقة بالمخاطر.

1.حل المشكلات بشكل استباقي:

●يتيح الكشف المبكر عن المشكلات المحتملة ومعالجتها.

1.تعزيز المساءلة:

●يخصص مسؤولية واضحة لكل خطر.

من يستخدم سجل المخاطر؟

تُستخدم سجلات المخاطر في جميع الصناعات والأدوار:

●**مديرو المشاريع:** لتتبع المخاطر المتعلقة بالمشاريع مثل تجاوز الميزانيات.
●**قادة الأعمال:** لمراقبة المخاطر الاستراتيجية مثل المنافسة في السوق.
●**فرق تكنولوجيا المعلومات:** لإدارة التهديدات السيبرانية وانقطاع التكنولوجيا.
●**مسؤولو الامتثال:** لتوثيق المخاطر التنظيمية والاستجابات.

مثال:

في إطلاق منتج جديد، قد يقوم مدير المشروع بتوثيق المخاطر المتعلقة بالتأخيرات، بينما يركز فريق تكنولوجيا المعلومات على المخاطر المتعلقة بأمن البيانات

تكييف سجلات المخاطر مع السياقات المختلفة

يمكن تعديل سجلات المخاطر لتناسب السيناريوهات المختلفة:

1. المشاريع الصغيرة:
○ التركيز على المخاطر الرئيسية بتنسيقات بسيطة.

2. المنظمات الكبيرة:
○ تضمين سجلات معقدة متكاملة مع أنظمة إدارة المخاطر المؤسسية.

3. إدارة الأزمات:
○ تحديث ديناميكي متكرر للتعامل مع المخاطر المستجدة.

المفاهيم الخاطئة الشائعة حول سجلات المخاطر

1. "مجرد قائمة مراجعة":

● الحقيقة: سجلات المخاطر أدوات ديناميكية تتطلب تحديثات وتحليلات منتظمة.

1. "معقدة للغاية":

● الحقيقة: السجل المصمم جيدًا يكون مفصلًا بقدر الحاجة ـ لا أكثر ولا أقل.

1. "لا نحتاج إليها":

● الحقيقة: تستفيد كل منظمة من إدارة المخاطر بشكل منهجي.

أمثلة

التنسيق البسيط:

معرف الخطر	الوصف	احتمالية الحدوث	التأثير	خطة التخفيف
001	تأخيرات الموردين	مرتفع	مرتفع	الاحتفاظ بمورد بديل

التنسيق المفصل:

معرف الخطر	الوصف	الفئة	احتمالية الحدوث	التأثير	المسؤول	الحدث المحفز	خطة التخفيف	الحالة
002	خطر الاختراق	المخاطر السيبرانية	متوسط	مرتفع	مدير تكنولوجيا المعلومات	تنبيهات تسجيل الدخول الغريبة	تفعيل التحقق الثنائي	تم حله

الخاتمة

سجل المخاطر هو أداة لا غنى عنها لإدارة حالة عدم اليقين. من خلال فهم هدفه و هيكله، يمكن للمنظمات تحويل مجموعة فوضوية من المخاطر إلى إطار عمل يمكن إدارته.

سيُركز الفصل التالي على كيفية **بناء سجل المخاطر**، حيث يوفر إرشادات خطوة بخطوة وأمثلة عملية لإنشائه بما يناسب احتياجاتك.

الفصل الثالث: مكونات سجل المخاطر

المقدمة

يعد سجل المخاطر أداة قوية، لكن فعاليته تعتمد على تصميمه. يحتوي السجل المصمم بشكل جيد على مكونات أساسية توفر الوضوح والمساءلة والرؤى القابلة للتنفيذ. إن فهم هيكل سجل المخاطر أمر ضروري لإنشاء سجل يلبي احتياجات المشروع أو المنظمة.

في هذا الفصل، سنستعرض مكونات سجل المخاطر بالتفصيل، ونوضح كيفية تفاعلها، مع تقديم أمثلة عملية لاستخدامها.

تفصيل مكونات سجل المخاطر

يتضمن كل سجل مخاطر مكونات أساسية تمثل بنيته الأساسية. قد يختلف مستوى التعقيد بناءً على المشروع أو المنظمة، ولكن العناصر التالية تُعد أساسية:

المكون	الوصف	الهدف
معرف الخطر	معرف فريد لتتبع كل خطر.	يسهل الرجوع إلى المخاطر في المناقشات والمستندات.
وصف الخطر	شرح مختصر للخطر، بما في ذلك طبيعته وتأثيره المحتمل.	يوفر سياقًا لفهم طبيعة الخطر.
احتمالية الحدوث	احتمال وقوع الخطر (مثل منخفض، متوسط، مرتفع).	يساعد في ترتيب الأولويات بناء على احتمالية وقوع المخاطر.
التأثير	شدة تأثير الخطر على الأهداف إذا تحقق (مثل منخفض، متوسط، مرتفع).	يركز الاهتمام على المخاطر الأكثر خطورة.
المسؤول	الفرد أو الفريق المسؤول عن مراقبة الخطر وإدارته.	يحدد بوضوح المسؤولية عن إدارة المخاطر.
خطة التخفيف	الإجراءات المحددة المخطط لها لتقليل احتمالية الخطر أو تأثيره.	توجه الإجراءات الاستباقية للتعامل مع المخاطر.
الحالة	الحالة الحالية للخطر (مثل مفتوح، قيد التقدم، تم حله).	تتبع تقدم الاستجابات للمخاطر مع مرور الوقت.

مكونات إضافية لسجلات المخاطر المعقدة

للمشاريع الكبيرة أو المنظمات ذات العمليات المعقدة، يمكن إضافة مكونات إضافية لتحسين فائدة السجل:

المكون الإضافي	الوصف
الفئة	تصنيف المخاطر إلى فئات مثل تشغيلية، استراتيجية، مالية، الخ.
الأحداث المحفزة	تحديد الأحداث أو الظروف التي قد تؤدي إلى تحقق الخطر.
درجة المخاطر المتبقية	قياس المخاطر المتبقية بعد تنفيذ جهود التخفيف.
خطة الاستجابة	تفصيل كيفية تفاعل الفريق إذا تحقق الخطر، بما في ذلك الإجراءات الطارئة.

مثال على إدخال مفصل في سجل المخاطر:

معرف الخطر	الوصف	الفئة	احتمالية الحدوث	التأثير	المسؤول	الحدث المحفز	خطة التخفيف	خطة الاستجابة	الحالة
002	خطر الاختراق السيبراني	المخاطر التقنية	متوسط	مرتفع	مدير تقنية المعلومات	تنبيهات تسجيل دخول غريبة	تفعيل المصادقة الثنائية	تفعيل خطة الاستجابة للحوادث	قيد التقدم

كيف تعمل المكونات معًا؟

تتفاعل مكونات سجل المخاطر مع بعضها البعض لتكوين صورة شاملة لإدارة المخاطر:

1. **وصف الخطر** يوفر السياق.
2. **احتمالية الحدوث** و**التأثير** يساعدان في ترتيب الأولويات.
3. **المسؤول** يضمن المساءلة عن جهود التخفيف.
4. **خطة التخفيف** و**خطة الاستجابة** توفران خطوات قابلة للتنفيذ.
5. **الحالة** تعكس الجهود الجارية والتقدم نحو الحل.

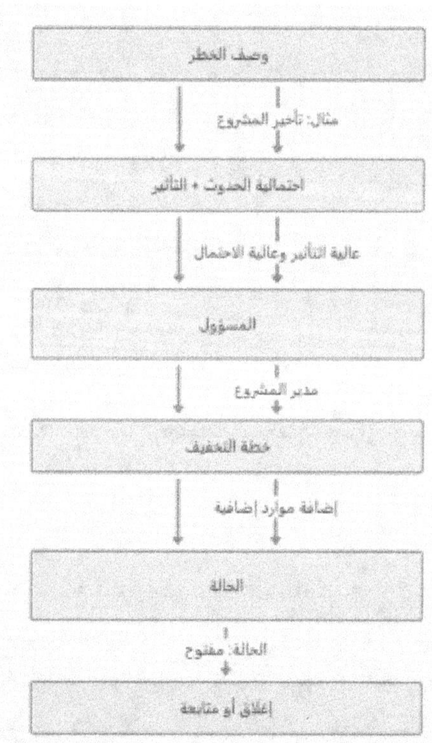

أمثلة على استخدام سجلات المخاطر

مثال في صناعة البناء:

معرف الخطر	الوصف	احتمالية الحدوث	التأثير	المسؤول	خطة التخفيف	الحالة
003	تأخيرات الطقس	مرتفع	مرتفع	مدير المشروع	إضافة وقت احتياطي إلى الجدول الزمني	قيد التقدم

مثال في صناعة تقنية المعلومات:

معرف الخطر	الوصف	احتمالية الحدوث	التأثير	المسؤول	الحدث المحفز	خطة التخفيف	خطة الاستجابة	الحالة
004	تعطل النظام أثناء التحديثات	متوسط	مرتفع	مدير تقنية المعلومات	صيانة مجدولة	إجراء اختبارات في بيئة معزولة	العودة إلى النسخة الاحتياطية إذا فشلت التحديثات	مفتوح

اعتبارات عملية لتصميم السجل

الحفاظ على البساطة:

- ابدأ بالمكونات الأساسية للمشاريع الصغيرة.
- تجنب التعقيد غير الضروري للحفاظ على سهولة الاستخدام.

تخصيص السجل:

- قم بتعديل الهيكل ليناسب احتياجات الصناعة أو المشروع المحددة.

استخدام التكنولوجيا:

- استخدم برامج إدارة المخاطر لتتبع تلقائي وإعداد تقارير دقيقة.
- أمثلة: Microsoft Excel (للتنسيقات البسيطة)، LogicManager (للتنسيقات المتقدمة).

قوالب للقراء

قالب سجل مخاطر بسيط:

معرف الخطر	الوصف	احتمالية الحدوث	التأثير	المسؤول	خطة التخفيف	الحالة

قالب سجل مخاطر متقدم:

معرف الخطر	الوصف	الفئة	احتمالية الحدوث	التأثير	الحدث المحفز	المسؤول	خطة التخفيف	خطة الاستجابة	الحالة

الخاتمة

يُعد سجل المخاطر المنظم جيدًا أداة أساسية لإدارة حالات عدم اليقين. من خلال فهم مكوناته وتكييفه مع الاحتياجات المحددة، يمكن للمنظمات ضمان توثيق كل خطر وتتبع حالته وإدارته بشكل فعال.

سيركز الفصل التالي على **كيفية بناء سجل المخاطر**، مع تقديم إرشادات خطوة بخطوة وأمثلة عملية لمساعدتك على الإنشاء.

الفصل الرابع: كيفية بناء سجل المخاطر

المقدمة

لا يكون سجل المخاطر فعالاً إلا إذا تم إنشاؤه باتباع عملية واضحة ومنظمة. سواء كنت تدير مشروعًا أو تعالج المخاطر المؤسسية، فإن بناء سجل مصمم جيدًا يضمن توثيق المخاطر وتحليلها والتعامل معها بشكل منهجي.

يقدم هذا الفصل دليلاً خطوة بخطوة لإنشاء سجل المخاطر من البداية، بما في ذلك نصائح عملية وأمثلة وقوالب لضمان توافق السجل مع احتياجات مشروعك أو منظمتك.

الخطوة الأولى: تحديد الهدف والنطاق

قبل إنشاء سجل المخاطر، حدد هدفه ونطاقه.

الهدف

لماذا تقوم بإنشاء هذا السجل؟ أمثلة:

- إدارة المخاطر لمشروع محدد.
- تتبع المخاطر عبر المنظمة بأكملها.
- معالجة المخاطر أثناء الأزمات.

النطاق

ما الذي سيغطيه السجل؟ أمثلة:

- المخاطر الخاصة بالمشروع، مثل مشاكل الميزانية أو الجدول الزمني.
- المخاطر الاستراتيجية، مثل المنافسة في السوق أو الامتثال التنظيمي.
- المخاطر التشغيلية، مثل اضطرابات سلسلة التوريد.

مثال:

قد يحدد فريق تطوير البرمجيات النطاق كالتالي: "تتبع المخاطر التي تؤثر على الجدول الزمني للمشروع أو ميزانيته أو جودة التسليمات"

الخطوة الثانية: تحديد المخاطر

يُعد تحديد المخاطر الأساس لإنشاء سجل شامل.

تقنيات تحديد المخاطر

1. **جلسات العصف الذهني:** جمع مدخلات من أعضاء الفريق أو أصحاب المصلحة.
2. **مراجعة البيانات السابقة:** تحليل المشاريع أو العمليات السابقة لاكتشاف المخاطر المتكررة.
3. **تحليل SWOT:** تحديد المخاطر بناءً على نقاط القوة والضعف والفرص والتهديدات.
4. **استشارات الخبراء:** طلب رؤى من المتخصصين في الصناعة أو الاستشاريين.

أمثلة على المخاطر لإطلاق منتج جديد:

- تأخيرات في استلام المواد من الموردين.
- أخطاء في اختبار المنتج النهائي.
- استقبال ضعيف من السوق بسبب نقص البحث.

كيفية توثيق المخاطر

- كن دقيقًا: بدلاً من "مشاكل المورد"، اكتب "تأخيرات بسبب قدرة المورد المحدودة".
- تضمين الأسباب والعواقب المحتملة.

قالب لتوثيق المخاطر:

الفئة	الوصف	معرف الخطر
مخاطر تشغيلية	تأخيرات الموردين	001
مخاطر المشروع	أخطاء في الاختبار النهائي	002

الخطوة الثالثة: تقييم وترتيب أولويات المخاطر

ليست كل المخاطر متساوية في الأهمية. قم بتقييم احتمال حدوث كل خطر وتأثيره لتحديد الأولويات.

تقييم الاحتمالية والتأثير

- الاحتمالية: منخفضة، متوسطة، مرتفعة.
- التأثير: منخفض، متوسط، مرتفع.

مثال:

الأولوية	التأثير	الاحتمالية	وصف الخطر
حرجة	مرتفعة	مرتفعة	تأخيرات الموردين
منخفضة	منخفضة	متوسطة	أخطاء طفيفة في الاختبار

مصفوفة تأثير المخاطر

تُعد مصفوفة تأثير المخاطر أداة بصرية لتحديد أولويات المخاطر:

تأثير مرتفع	تأثير متوسط	تأثير منخفض	←التأثير
التخطيط للطوارئ	مراقبة	مراقبة	**احتمالية منخفضة**
التخطيط للطوارئ	التخفيف	مراقبة	**احتمالية متوسطة**
التصرف فورًا	التصرف فورًا	التخفيف	**احتمالية مرتفعة**

الخطوة الرابعة: تطوير استراتيجيات التخفيف

لكل خطر ، حدد الإجراءات المحددة لتقليل احتمالية حدوثه أو تأثيره أو كلاهما.

استجابات المخاطر الشائعة

1. **التجنب:** القضاء على الخطر تمامًا.
  ◦ مثال: إلغاء ميزة ذات مخاطر عالية في المشروع.
2. **النقل:** نقل الخطر إلى طرف ثالث.
  ◦ مثال: استخدام التأمين لتغطية الأضرار المحتملة.
3. **التخفيف:** اتخاذ إجراءات لتقليل الخطر.
  ◦ مثال: تدريب الموظفين لتقليل الأخطاء.
4. **القبول:** قبول الخطر والاستعداد للتعامل مع تأثيره.
  ◦ مثال: قبول تأخيرات طفيفة مقابل تحسين الجودة.

مثال على خطة التخفيف:

خطة التخفيف	وصف الخطر
تحديد موردين بديلين والتفاوض على اتفاقيات احتياطية.	تأخيرات الموردين
إجراء اختبارات إضافية باستخدام أدوات مؤتمتة.	أخطاء في الاختبار

الخطوة الخامسة: تعيين المسؤولية

يضمن تحديد المسؤولية أن تتم مراقبة كل خطر ومعالجته.

كيفية تعيين المسؤولية

- تخصيص المخاطر للأفراد أو الفرق التي تملك السلطة لاتخاذ الإجراءات.
- تحديد الأدوار والمسؤوليات بوضوح.

مثال:

المسؤول	وصف الخطر
فريق المشتريات	تأخيرات الموردين
مدير ضمان الجودة	أخطاء الاختبار

الخطوة السادسة: المراقبة والتحديث بانتظام

سجلات المخاطر أدوات ديناميكية يجب أن تتطور مع المشروع أو المنظمة.

تكرار التحديثات

- أسبوعيًا للمشاريع السريعة.
- شهريًا أو ربع سنوي للمبادرات طويلة الأجل.

ما يجب تحديثه

- المخاطر الجديدة المكتشفة.
- التغييرات في تقييم الاحتمالية أو التأثير.
- تقدم استراتيجيات التخفيف.

مثال على تحديث الحالة:

الحالة	الوصف	معرف الخطر
قيد التقدم	تأخيرات الموردين	001
تم حلها	أخطاء الاختبار	002

الخطوة السابعة: استخدام التكنولوجيا لتتبع المخاطر

أدوات موصى بها:

- **Microsoft Excel:** مثالي للسجلات البسيطة.
- **Trello:** لوحات مرئية لتتبع المخاطر في الوقت الفعلي.
- **برامج إدارة المخاطر:** مثل RiskWatch أو LogicManager لتتبع متقدم.

قوالب لبناء سجل المخاطر

قالب سجل مخاطر بسيط:

معرف الخطر	الوصف	الاحتمالية	التأثير	المسؤول	خطة التخفيف	الحالة

قالب سجل مخاطر متقدم:

معرف الخطر	الوصف	الفئة	الاحتمالية	التأثير	المسؤول	الحدث المحفز	خطة التخفيف	خطة الاستجابة	الحالة

الخاتمة

إن بناء سجل المخاطر هو عملية خطوة بخطوة تحول حالة عدم اليقين إلى رؤى قابلة للتنفيذ. من خلال تحديد النطاق، وتحديد المخاطر، وتعيين المسؤوليات، تقوم بإنشاء أداة تمكن منظمتك من معالجة التحديات المحتملة بشكل استباقي.

سيركز الفصل التالي، **إدارة المخاطر بفعالية**، على كيفية استخدام سجل المخاطر لتقييم المخاطر ومراقبتها والاستجابة لها بشكل ديناميكي.

الفصل الخامس: إدارة المخاطر بفعالية

المقدمة

إن إنشاء سجل المخاطر ليس سوى الخطوة الأولى في إدارة المخاطر. تكمن القيمة الحقيقية في استخدامه كأداة ديناميكية لمراقبة المخاطر وتقييمها والاستجابة لها في الوقت الفعلي. تتطلب الإدارة الفعالة للمخاطر نهجًا منظمًا لترتيب التهديدات حسب الأولوية، وتنفيذ استراتيجيات التخفيف، والتكيف مع التغيرات عند حدوثها.

يُرشدك هذا الفصل خلال عملية إدارة المخاطر بشكل ديناميكي، باستخدام تقنيات عملية ودراسات حالة وأمثلة لضمان أن يقدم سجل المخاطر أقصى تأثير ممكن.

1. عملية إدارة المخاطر

إدارة المخاطر تتطلب مراقبة مستمرة وترتيب أولويات مستمر واتخاذ إجراءات مستمرة. إليك تفصيلًا للخطوات:

الخطوة الأولى: المراقبة المستمرة

المخاطر ليست ثابتة ـ فهي تتطور مع مرور الوقت. قم بمراجعة سجل المخاطر بانتظام لـ:

- تحديث تقييمات احتمالية الحدوث والتأثير.
- تحديد المخاطر الجديدة التي قد تظهر خلال المشروع.
- تتبع فعالية استراتيجيات التخفيف.

الخطوة الثانية: إعادة تقييم الأولويات

- استخدم أدوات مثل مصفوفة تأثير المخاطر لإعادة تقييم الأولويات مع تغير الظروف.
- مثال: قد يتحول خطر منخفض الأولوية متعلق بالموردين إلى أولوية عالية إذا زادت أوقات التسليم بشكل غير متوقع.

الخطوة الثالثة: تنفيذ استجابات المخاطر

- قم بتحويل استراتيجيات التخفيف إلى خطوات عملية.

- قم بتحديد المواعيد النهائية وتتبع تقدم الاستجابات للمخاطر.

الخطوة الرابعة: التواصل مع أصحاب المصلحة

- حافظ على إطلاع أصحاب المصلحة على المخاطر والتقدم وأي تغييرات في سجل المخاطر.
- استخدم لوحات القيادة والتحديثات وتقارير الحالة لتبسيط الاتصال.

1. ترتيب أولويات المخاطر

الإدارة الفعالة تبدأ بمعرفة أي المخاطر يجب معالجتها أولاً.

تقييم المخاطر

- قم بتخصيص قيمة رقمية لاحتمالية الحدوث والتأثير لحساب درجة إجمالية للمخاطرة.
- مثال:
  - احتمالية الحدوث: 4 (على مقياس من 1 إلى 5)
  - التأثير: 5 (على مقياس من 1 إلى 5)
  - درجة المخاطرة = 4 × 5 = 20 (أولوية عالية)

تصنيف المخاطر

قم بتجميع المخاطر في مستويات بناءً على درجتها:

- **المستوى 1:** حرجة (تتطلب إجراءً فوريًا).
- **المستوى 2:** متوسطة (المراقبة والتخفيف).
- **المستوى 3:** منخفضة (تتبع، ولكن لا تحتاج إلى إجراء فوري).

1. تنفيذ استجابات المخاطر

تتطلب كل مخاطرة استجابة مخصصة بناءً على طبيعتها وأولويتها.

استراتيجيات الاستجابة

- **تجنب المخاطر:** القضاء على النشاط المسبب للمخاطرة.
  - **مثال:** تأجيل عنصر عالي المخاطر في المشروع حتى يتم تأمين الموارد.
- **نقل المخاطر:** تحويل المسؤولية إلى طرف ثالث.

◦**مثال:** شراء تأمين لتغطية الأعطال في المعدات.

•**تخفيف المخاطر:** تقليل احتمالية أو تأثير الخطر.

◦**مثال:** تركيب أنظمة احتياطية لتجنب فقدان البيانات.

•**قبول المخاطر:** الاعتراف بالخطر والاستعداد لتبعاته.

◦**مثال:** قبول تجاوزات طفيفة في الميزانية مقابل تسليم أسرع.

مثال حالة: خطر الأمن السيبراني

•**الخطر:** اختراق البيانات بسبب كلمات مرور ضعيفة.

•**الاستجابة:**

◦**التخفيف:** تفعيل المصادقة الثنائية وتدريب الموظفين.

◦**النقل:** الشراكة مع شركة للأمن السيبراني لمراقبة التهديدات.

1.تتبع التقدم والتحديثات

يجب تحديث حالة المخاطر بانتظام لتعكس وضعها الحالي.

تصنيفات الحالة الشائعة:

•**مفتوح:** تم تحديد الخطر، لكن لم يتم اتخاذ أي إجراء حتى الآن.

•**قيد التقدم:** يتم تنفيذ إجراءات التخفيف أو الاستجابة.

•**تم حله:** تم معالجة الخطر أو تحييده.

•**تم تصعيده:** تفاقم الخطر ويتطلب إجراءً فوريًا.

مثال على تحديثات الحالة:

الإجراء التالي	الحالة	الوصف	معرف الخطر
تأكيد الموردين البدلاء.	قيد التقدم	تأخيرات الموردين	001
مراقبة التهديدات المتبقية.	تم حله	اختراق أمني	002

نصيحة: استخدم مؤشرات مرمزة بالألوان (مثل الأحمر للمخاطر الحرجة، والأخضر للمخاطر المحلولة) لجعل الحالة واضحة بصريًا.

مثال واقعي:

بيئة الاستراتيجي	المخاطر	التأثير	الاحتمالية	الخطورة	استجابة خطة الطوارئ	الضوابط الحالية	معدل الاحتمال النجاح	معدل الفشل الحالي	تقييم الضوابط	الخطورة المتبقية	احتمالية المخاطر المتبقية	إجراءات التحكم
الاستدامة	[illegible]	منخفض	متوسط	مراقبة	مراقبة	[illegible]	80%	80%	[illegible]	متوسط	[illegible]	[illegible]
الإبداعية	[illegible]	منخفض	متوسط	مراقبة	مراقبة	[illegible]	80%	90%	[illegible]	متوسط	[illegible]	[illegible]
الإبداعية	[illegible]	منخفض	متوسط	مراقبة	مراقبة	[illegible]	80%	85%	[illegible]	متوسط	[illegible]	[illegible]
الإبداعية	[illegible]	متوسط	متوسط	مراقبة	مراقبة	[illegible]	75%	85%	[illegible]	متوسط	متوسط	[illegible]
الاستدامة	[illegible]	منخفض	متوسط	مراقبة	مراقبة	[illegible]	85%	90%	[illegible]	متوسط	متوسط	[illegible]
الاستدامة	[illegible]	متوسط	متوسط	مراقبة	مراقبة	[illegible]	75%	80%	[illegible]	مراقبة	متوسط	[illegible]

1.التواصل الفعال مع أصحاب المصلحة

التواصل الواضح حول المخاطر أمر حاسم لتنسيق الفرق والحفاظ على الثقة.

تخصيص التواصل:

1.الفرق الداخلية:
○تحديثات مفصلة حول جميع المخاطر واستراتيجيات التخفيف.
○**مثال:** اجتماعات أسبوعية للفريق لمراجعة سجل المخاطر.

2.الإدارة التنفيذية:
○ملخصات عالية المستوى للمخاطر الحرجة فقط.
○**مثال:** تقارير شهرية تعرض أهم خمس مخاطر والإجراءات المتخذة.

3.أصحاب المصلحة الخارجيون:
○التركيز على المخاطر التي تؤثر على نتائج المشروع أو الالتزامات التعاقدية.
○**مثال:** تحديثات ربع سنوية للمستثمرين.

أدوات التواصل:

●**لوحات القيادة:** تتبع المخاطر في الوقت الفعلي باستخدام أدوات مثل Power BI أو Tableau.
●**التقارير:** استخدم المخططات البيانية لتلخيص المقاييس الرئيسية.

1.قياس فعالية التخفيف

ليست كل استراتيجيات التخفيف تعمل كما هو مخطط. قياس الفعالية يضمن عدم إهدار الموارد.

أسئلة لتقييم النجاح:

1. هل انخفضت احتمالية أو تأثير الخطر؟
2. هل هناك آثار جانبية غير مقصودة لاستراتيجية التخفيف؟
3. هل تحتاج الاستراتيجية إلى تعديل؟

مثال:

بعد تنفيذ مورد ثانوي لتخفيف التأخيرات، لاحظ فريق التصنيع تحسنًا في أوقات التسليم ولكن بتكاليف أعلى.

1. دراسات حالة لإدارة المخاطر بفعالية

دراسة حالة 1: إدارة تأخيرات الطقس في البناء

- **التحدي:** واجه مشروع بناء مخاطر كبيرة تتعلق بالطقس.
- **الحل:** تمت إضافة وقت احتياطي إلى الجدول الزمني للمشروع واستخدام أغطية مؤقتة للمواد المكشوفة.
- **النتيجة:** رغم أسبوعين من الأمطار الغزيرة، اكتمل المشروع في الوقت المحدد.

دراسة حالة 2: تجنب الاختراقات الأمنية

- **التحدي:** واجهت شركة مالية زيادة في محاولات التصيد الاحتيالي.
- **الحل:** تدريب الموظفين، تفعيل فلاتر البريد الإلكتروني، والتعاون مع استشاري أمني.
- **النتيجة:** انخفضت حوادث التصيد الاحتيالي بنسبة 80% خلال ستة أشهر.

قوالب لإدارة المخاطر

مثال لوحة معلومات إدارة المخاطر:

الحالة	تقدم التخفيف	المسؤول	التأثير	الاحتمالية	الوصف	معرف الخطر
قيد التقدم	60% مكتملة	فريق العمليات	مرتفع	متوسط	فشل المعدات	003

قالب ملخص أسبوعي للمخاطر:

الإجراء المطلوب	التحديثات	المخاطر الرئيسية
متابعة الموردين أسبوعيًا.	تم تفعيل خطة التخفيف.	تأخيرات الموردين
الاستمرار في مراقبة الأنظمة.	انخفضت محاولات التصيد بشكل كبير.	تهديدات الأمن السيبراني

الخاتمة

إن إدارة المخاطر بفعالية هي عملية مستمرة تتطلب مراقبة منتظمة، واستجابات في الوقت المناسب، وتواصل واضح. يمكن لسجل المخاطر المُدار بشكل جيد أن يمكّن المنظمات من البقاء في المقدمة ومواجهة التحديات بمرونة.

سيركز الفصل التالي، **التطبيقات العملية لسجلات المخاطر**، على كيفية استخدام المنظمات في مختلف الصناعات لسجلات المخاطر لتحقيق النجاح.

الفصل السادس: التطبيقات العملية لسجلات المخاطر

المقدمة

تُعد سجلات المخاطر أدوات مرنة تُستخدم عبر الصناعات والسياقات المختلفة لتحديد المخاطر ومراقبتها والتخفيف من حدتها. تتنوع تطبيقاتها من إدارة المشاريع إلى الاستجابة للأزمات، مما يوفر الهيكل والوضوح للمنظمات التي تواجه تحديات معقدة.

في هذا الفصل، سنستعرض أمثلة واقعية على كيفية استخدام سجلات المخاطر في قطاعات مختلفة، مع تسليط الضوء على قابليتها للتكيف وفعاليتها في إدارة المخاطر.

1. سجلات المخاطر في إدارة المشاريع

السيناريو:

شركة بناء مكلفة ببناء مجمع سكني.

التحديات:

- التأخيرات بسبب سوء الأحوال الجوية.
- تجاوزات الميزانية نتيجة تكاليف المواد غير المتوقعة.
- مخاطر السلامة في موقع البناء.

تطبيق سجل المخاطر:

معرف الخطر	الوصف	الاحتمالية	التأثير	المسؤول	خطة التخفيف	الحالة
001	تأخيرات بسبب الطقس	مرتفعة	مرتفعة	مدير المشروع	اضافة وقت احتياطي في الجدول الزمني	قيد التقدم
002	زيادة تكاليف المواد	متوسطة	مرتفعة	فريق المشتريات	تأمين عقود بأسعار ثابتة	مفتوح
003	مخاطر السلامة في الموقع	مرتفعة	مرتفعة	مشرف السلامة	اجراء تدقيق سلامة أسبوعي	تم حله

النتيجة:

استخدمت الشركة سجل المخاطر لإعطاء الأولوية لتدقيقات السلامة وإعادة هيكلة الجدول الزمني لتقليل التأخيرات المرتبطة بالطقس، مما أدى إلى إكمال المشروع في الوقت المحدد وضمن الميزانية.

1. سجلات المخاطر في تكنولوجيا المعلومات والأمن السيبراني

السيناريو:

شركة برمجيات تعمل على إطلاق منتج جديد لكنها تواجه مخاطر سيبرانية محتملة.

التحديات:

- اختراق البيانات من قبل قراصنة خارجيين.
- توقف النظام أثناء النشر.
- الامتثال لقوانين خصوصية البيانات.

تطبيق سجل المخاطر:

الحالة	خطة التخفيف	المسؤول	التأثير	الاحتمالية	الوصف	معرف الخطر
قيد التقدم	تفعيل المصادقة الثنائية	مدير تقنية المعلومات	مرتفعة	متوسطة	خطر اختراق البيانات	101
مفتوح	اختبار في بيئة معزولة	فريق العمليات	مرتفعة	منخفضة	توقف النظام	102
تم حله	إجراء تدقيق لخصوصية البيانات	الفريق القانوني	متوسطة	متوسطة	انتهاكات الامتثال	103

النتيجة:

استراتيجيات التخفيف الاستباقية خفّضت محاولات الاختراق وضمنت الامتثال، مما أدى إلى إطلاق منتج ناجح.

1. سجلات المخاطر في الرعاية الصحية

السيناريو:

مستشفى يستعد لموسم الإنفلونزا مع توقع زيادة كبيرة في عدد المرضى.

التحديات:

- نقص محتمل في الكوادر الطبية.
- نقص في الإمدادات الحيوية.
- خطر انتشار العدوى بين الطاقم والمرضى.

تطبيق سجل المخاطر:

الحالة	خطة التخفيف	المسؤول	التأثير	الاحتمالية	الوصف	معرف الخطر
قيد التقدم	توظيف كوادر طبية مؤقتة	قسم الموارد البشرية	مرتفعة	مرتفعة	نقص الموظفين	201
مفتوح	زيادة كميات الطلب	فريق المشتريات	متوسطة	مرتفعة	نقص الإمدادات	202
تم حله	فرض بروتوكولات صارمة للنظافة	فريق مكافحة العدوى	مرتفعة	مرتفعة	انتشار العدوى	203

النتيجة:

أدار المستشفى الزيادة بكفاءة، محافظًا على جودة عالية في الرعاية وحماية موظفيه.

1.سجلات المخاطر في التصنيع

السيناريو:

شركة تصنيع سيارات تطلق مركبة كهربائية جديدة في السوق.

التحديات:

- تأخيرات في إنتاج البطاريات.
- عقبات تنظيمية للحصول على شهادات المركبات الكهربائية.
- قبول السوق للتقنية الجديدة.

تطبيق سجل المخاطر:

الحالة	خطة التخفيف	المسؤول	التأثير	الاحتمالية	الوصف	معرف الخطر
قيد التقدم	تنويع قاعدة الموردين	فريق الإنتاج	مرتفعة	متوسطة	تأخيرات إنتاج البطاريات	301
تم حله	العمل عن كثب مع الجهات التنظيمية	القسم القانوني	مرتفعة	منخفضة	مشاكل في الشهادات	302
مفتوح	إطلاق حملات توعية مستهدفة	فريق التسويق	متوسطة	متوسطة	قبول السوق المنخفض	303

النتيجة:

من خلال معالجة المخاطر مبكرًا، تجنبت الشركة التأخيرات الكبيرة وحققت اعتمادًا قويًا لموديلها الجديد.

1.سجلات المخاطر في إدارة الأزمات

السيناريو:

شركة لوجستية تواجه اضطرابات خلال جائحة عالمية.

التحديات:

- إغلاق الحدود مما يؤدي إلى تأخير الشحنات.
- نقص في القوى العاملة بسبب المرض.
- زيادة الطلب على بعض السلع.

تطبيق سجل المخاطر:

الحالة	خطة التخفيف	المسؤول	التأثير	الاحتمالية	الوصف	معرف الخطر
قيد التقدم	تحديد طرق شحن بديلة	مدير اللوجستيات	مرتفعة	مرتفعة	إغلاق الحدود	401
مفتوح	تنفيذ سياسات العمل عن بُعد	قسم الموارد البشرية	مرتفعة	متوسطة	نقص القوى العاملة	402
تم حله	إعطاء الأولوية للمنتجات عالية الطلب	مدير العمليات	متوسطة	مرتفعة	ارتفاع الطلب	403

النتيجة:

حافظت الشركة على كفاءة تشغيلية تزيد عن 90٪، مما لبى توقعات العملاء رغم التحديات.

الدروس المستفادة من التطبيقات الواقعية

1. **التعرف الاستباقي على المخاطر:**
   - يتيح التعرف المبكر على المخاطر إعدادًا أفضل واستجابة أسرع.
2. **التواصل الفعّال:**
   - تضمن التحديثات المنتظمة لأصحاب المصلحة التوافق والشفافية.
3. **استراتيجيات التخفيف المخصصة:**
   - يؤدي تخصيص الاستراتيجيات وفقًا لسياق كل خطر إلى تحسين النتائج.
4. **المراقبة الديناميكية:**
   - تضمن تحديث سجلات المخاطر في الوقت الفعلي الحفاظ على أهميتها مع تغير الظروف.

الخاتمة

تُعد مرونة سجلات المخاطر أحد الأسباب التي تجعلها أدوات لا غنى عنها في مختلف الصناعات. من خلال التعلم من التطبيقات الواقعية، يمكن للمنظمات تحسين مرونتها وتحقيق النجاح حتى في بيئات مليئة بعدم اليقين.

سيركز الفصل التالي، **إدارة الأزمات ودور سجلات المخاطر**، على استخدام سجلات المخاطر أثناء فترات الاضطرابات الشديدة للحفاظ على الاستقرار واستمرارية الأعمال.

الفصل السابع: إدارة الأزمات ودور سجلات المخاطر

المقدمة

الأزمات أمر لا مفر منه، سواء كانت ناتجة عن كوارث طبيعية، أو ركود اقتصادي، أو إخفاقات تنظيمية. خلال هذه الأوقات الصعبة، يجب أن تعتمد المنظمات على أدوات واستراتيجيات توفر الهيكل والوضوح. يصبح سجل المخاطر موردًا أساسيًا في إدارة الأزمات، حيث يساعد الفرق على تحديد التهديدات وتقييمها والاستجابة لها بسرعة وفعالية.

يتناول هذا الفصل استخدام سجلات المخاطر أثناء الأزمات، ويقدم رؤى عملية وأمثلة من الواقع لإظهار دورها في الحفاظ على الاستقرار واستمرارية الأعمال.

1.التحديات الفريدة لإدارة الأزمات

تقدم الأزمات تحديات فريدة تميزها عن العمليات الروتينية:

خصائص الأزمات:

1.**عدم اليقين:** غالبًا ما تكون المعلومات غير كاملة أو تتغير بسرعة.
2.**الرهانات العالية:** القرارات المتخذة أثناء الأزمات لها عواقب فورية وكبيرة.
3.**حساسية الوقت:** تتطلب الاستجابات السريعة لتقليل الأضرار.

أنواع الأزمات الشائعة:

.**الكوارث الطبيعية:** الأعاصير، الزلازل، الأوبئة.
.**الأزمات التكنولوجية:** الهجمات الإلكترونية، فشل الأنظمة.
.**الأزمات المالية:** حالات الركود، مشكلات السيولة.
.**الأزمات المتعلقة بالسمعة:** الفضائح، الدعاية السلبية.

مثال:

خلال جائحة عالمية، واجهت شركة لوجستية إغلاق الحدود، وتعطيل سلاسل التوريد، ونقصًا في العمالة، مما تطلب تعديلات سريعة.

1.تكييف سجلات المخاطر لإدارة الأزمات

يمكن تكييف سجلات المخاطر لتلبية الاحتياجات الخاصة بالمواقف بالأزمة.

التعديلات الرئيسية:

●زيادة وتيرة التحديثات:
○الانتقال من التحديثات الشهرية أو الأسبوعية إلى مراجعات يومية أثناء الأزمة.

●التركيز على المخاطر الفورية:
○تسليط الضوء على المخاطر الحرجة ذات التأثير والاحتمالية العالية.
○**مثال:** مستشفى أثناء جائحة يركز على مخاطر العدوى بدلاً من الصيانة الروتينية للمعدات.

●تعزيز التعاون:
○إشراك الفرق متعددة الوظائف لضمان أخذ جميع وجهات النظر في الاعتبار.

قالب سجل مخاطر خاص بالأزمات:

الحالة	خطة التخفيف	الحدث المحفز	المسؤول	التأثير	الاحتمالية	الوصف	معرف الخطر
قيد التقدم	تحديد طرق شحن بديلة	إغلاق الحدود	فريق المشتريات	مرتفعة	مرتفعة	تعطيل سلسلة التوريد	001
مفتوح	توظيف عمالة مؤقتة	ارتفاع الإجازات المرضية	قسم الموارد البشرية	مرتفعة	متوسطة	نقص العمالة	002

1.المراقبة في الوقت الفعلي والاستجابات الديناميكية

دور المراقبة في الوقت الفعلي:

●توفر الأدوات مثل لوحات المعلومات والتنبيهات التلقائية تحديثات في الوقت الفعلي حول المخاطر.
●مثال: مؤسسة مالية تراقب تقلبات السوق لتعديل الاستثمارات أثناء الأزمات الاقتصادية.

تنفيذ الاستجابات الديناميكية:

●اتخاذ القرارات بسرعة:
○استخدام معايير محددة مسبقًا (مثل مصفوفة تأثير المخاطر) لتحديد الأولويات.

●التخطيط للسيناريوهات:
○الاستعداد لعدة نتائج محتملة، مثل أفضل سيناريو، وأسوأ سيناريو،

والسيناريو الأكثر ترجيحًا.

مثال:

شركة تصنيع تواجه احتمال إغلاق المصنع تضع ثلاثة سيناريوهات:

- **أفضل حالة**: استمرار العمليات مع تعطيلات طفيفة.
- **أسوأ حالة**: إغلاق كامل لمدة شهرين.
- **الأكثر ترجيحًا**: تقليل السعة التشغيلية لمدة ستة أسابيع.

1.الاستفادة من التكنولوجيا لإدارة الأزمات

أدوات لإدارة المخاطر أثناء الأزمات:

- **منصات التعاون**: Slack، Microsoft Teams لتحديثات الفريق.
- **برامج إدارة المخاطر**: Resolver، LogicManager لتتبع المخاطر وتحليلها.
- **لوحات القيادة**: Tableau، Power BI لتصور البيانات في الوقت الفعلي.

مثال على الاستخدام:

لمراقبة توفر الأسرة الطبية ونقص الموارد Tableau تستخدم منظمة رعاية صحية لوحات أثناء جائحة.

1.دراسات حالة: سجلات المخاطر في إدارة الأزمات

دراسة حالة 1: إدارة كارثة طبيعية

- **السيناريو**: سلسلة متاجر تجزئة تواجه إعصارًا كبيرًا يعطل سلاسل التوريد.
- **الإجراء**: قامت الشركة بإغلاق المتاجر في المناطق عالية الخطورة وإعادة توجيه الإمدادات إلى المناطق غير المتأثرة.
- **النتيجة**: باستخدام سجل مخاطر خاص بالأزمات، قللت الشركة من الخسائر المالية وضمنت سلامة الموظفين والعملاء.

دراسة حالة 2: التعامل مع هجوم إلكتروني

- **السيناريو**: تعرضت شركة مالية لهجوم فدية قفل أنظمتها الحرجة.
- **الإجراء**: قام فريق تقنية المعلومات بتفعيل خطة الاستجابة للحوادث، وعزل

الأنظمة المتأثرة، والعمل مع خبراء الأمن السيبراني لاستعادة العمليات.

النتيجة: احتوت الشركة الاختراق في غضون 24 ساعة، وتجنب أضرار مالية وسمعية كبيرة.

1.أفضل الممارسات لاستخدام سجلات المخاطر في الأزمات

1.تبسيط التواصل:
◦استخدم تحديثات واضحة وموجزة لضمان فهم جميع أصحاب المصلحة للموقف.

2.تمكين اتخاذ القرارات:
◦تعيين سلطة واضحة للقادة القادرين على التصرف بسرعة.

3.الحفاظ على المرونة:
◦كن مستعدًا لتعديل استراتيجيات التخفيف مع تطور الظروف.

4.التعلم من الأزمة:
◦بعد الأزمة، راجع سجل المخاطر لتحديد الدروس المستفادة وتحسين التخطيط المستقبلي.

1.الفوائد طويلة الأجل لإدارة المخاطر أثناء الأزمات

إدارة الأزمات بفعالية لا تقلل فقط من التهديدات الفورية بل تعزز المنظمة على المدى الطويل:

تعزيز المرونة: تصبح الفرق مجهزة بشكل أفضل للتعامل مع عدم اليقين.

تحسين العمليات: تؤدي دروس الأزمات غالبًا إلى تحسين تدفقات العمل.

زيادة الثقة: تعزز الاستجابات الفعالة والشفافة الثقة مع أصحاب المصلحة.

الخاتمة

تُعد سجلات المخاطر لا غنى عنها أثناء الأزمات، حيث تقدم الهيكل والوضوح في المواقف الفوضوية. من خلال تكييف السجل لتلبية المطالب الفريدة للأزمة، يمكن للمنظمات الاستجابة بفعالية والخروج منها أقوى.

سيركز الفصل التالي، **دمج سجلات المخاطر مع التخطيط الاستراتيجي**، على مواءمة ممارسات إدارة المخاطر مع الأهداف طويلة الأجل للمنظمة.

الفصل الثامن: دمج سجلات المخاطر مع التخطيط الاستراتيجي

المقدمة

لا تقتصر فائدة سجلات المخاطر على إدارة المخاطر الفورية فحسب، بل تُعد أيضًا أدوات قوية لمواءمة إدارة المخاطر مع الأهداف الاستراتيجية طويلة الأجل للمنظمة. من خلال دمج سجلات المخاطر في عملية التخطيط الاستراتيجي، يمكن للمنظمات تحديد العقبات المحتملة للنجاح، وترتيب الموارد حسب الأولوية، واتخاذ قرارات مدروسة تعزز المرونة والنمو.

يستكشف هذا الفصل كيفية دمج سجلات المخاطر في التخطيط الاستراتيجي، مع تقديم أمثلة عملية وتقنيات لمواءمة ممارسات إدارة المخاطر مع أهداف المنظمة.

1.دور سجلات المخاطر في التخطيط الاستراتيجي

يتضمن التخطيط الاستراتيجي تحديد الأهداف طويلة الأجل والخطوات اللازمة لتحقيقها. يمكن أن تؤثر المخاطر على كل جانب من هذه العملية، مما يجعل من الضروري تحديدها وإدارتها بشكل استباقي.

كيف تدعم سجلات المخاطر التخطيط الاستراتيجي؟

.تحديد المخاطر الاستراتيجية: تسليط الضوء على المخاطر التي قد تعرقل تحقيق الأهداف طويلة الأجل.
.تخصيص الموارد: ترتيب الجهود والميزانيات حسب مستويات المخاطر.
.تعزيز اتخاذ القرارات: توفير رؤى مبنية على البيانات لاتخاذ خيارات أكثر وعيًا.

مثال:

شركة تكنولوجيا تهدف إلى التوسع في الأسواق الدولية تستخدم سجل المخاطر لتتبع المخاطر التنظيمية، وتقلبات العملات، والتهديدات التنافسية في المناطق الجديدة.

1.مواءمة فئات المخاطر مع الأهداف الاستراتيجية

لدمج سجلات المخاطر في التخطيط الاستراتيجي، قم بمواءمة المخاطر مع أهداف المنظمة المحددة.

مثال على المواءمة:

خطة التخفيف	المخاطر المرتبطة	الهدف الاستراتيجي
إجراء أبحاث السوق، التحوط ضد مخاطر العملات	العقبات التنظيمية، تقلبات العملات	التوسع إلى أسواق جديدة
توظيف باحثين ذوي خبرة، تبسيط العمليات	تأخيرات البحث والتطوير، نقص المواهب	تطوير منتجات مبتكرة
تنويع الموردين، ترقية البنية التحتية لتكنولوجيا المعلومات	اضطرابات سلسلة التوريد، إخفاقات تقنية	تحسين الكفاءة التشغيلية

نصيحة عملية:

قم بتصنيف المخاطر إلى فئات مثل استراتيجية، تشغيلية، مالية، أو امتثال لتسهيل مواءمتها مع أهداف المنظمة.

1. دور سجلات المخاطر في تطوير الاستراتيجية

يمكن لسجلات المخاطر أن تُثري تطوير الاستراتيجية من خلال تسليط الضوء على التحديات والفرص المحتملة.

خطوات دمج المخاطر في تطوير الاستراتيجية:

1. **تحليل الاتجاهات:** استخدم البيانات التاريخية لتحديد المخاطر المتكررة.
   - **مثال:** شركة تصنيع تلاحظ نمطًا من تأخيرات الموردين وتطور استراتيجية لبناء شراكات محلية.
2. **تقييم البيئة التنافسية:** تقييم المخاطر التي يسببها المنافسون.
   - **مثال:** سلسلة متاجر تجزئة تأخذ في الاعتبار مخاطر التسعير التنافسي عند التخطيط لمواقع جديدة.
3. **إشراك أصحاب المصلحة:** قم بإشراك القادة من مختلف الأقسام لضمان تحديد شامل للمخاطر.

1. استخدام سجلات المخاطر لتخصيص الموارد

تُعد الكفاءة في تخصيص الموارد أمرًا بالغ الأهمية لتحقيق الأهداف الاستراتيجية. تساعد سجلات المخاطر في تحديد الأولويات التي يجب التركيز عليها وتوجيه الاستثمارات.

خطوات تخصيص الموارد:

1. **تصنيف المخاطر حسب الأولوية:** استخدم نظام تسجيل (مثل الاحتمالية × التأثير).
2. **تخصيص الموارد بناءً على الأولويات:**
   - المخاطر ذات الأولوية العالية: تخصيص موارد كبيرة للتخفيف.

○المخاطر ذات الأولوية المنخفضة: مراقبتها مع استثمار أقل.

مثال:

مزود خدمات صحية يخطط لتوسيع خدمات الطب عن بُعد يعطي الأولوية لتخفيف مخاطر الأمن السيبراني من خلال الاستثمار في التشفير المتقدم وتدريب تقنية المعلومات، بينما يخصص موارد أقل للمخاطر الثانوية مثل تأخيرات الجدولة

1. السجلات الديناميكية للمراجعة الاستراتيجية المستمرة

تتطور الخطط الاستراتيجية باستمرار، ويجب أن تتكيف سجلات المخاطر وفقًا لذلك.

السجلات الديناميكية للمخاطر:

1. **التحديثات المنتظمة:** قم بجدولة مراجعات ربع سنوية لتحديث المخاطر وتقييم تقدم التخفيف.
2. **الدمج مع مؤشرات الأداء الرئيسية (KPIs):** اربط المخاطر بمؤشرات الأداء الرئيسية لتتبع تأثيرها على الأهداف الاستراتيجية.

مثال:

شركة لوجستية تربط تقلبات أسعار الوقود بإطار عمل مؤشرات الأداء الرئيسية، وتستخدم تحديثات في الوقت الفعلي من سجل المخاطر لتعديل استراتيجيات التسعير

1. دراسات حالة: سجلات المخاطر في التخطيط الاستراتيجي

دراسة حالة 1: النمو الاستراتيجي في التصنيع

- **السيناريو:** شركة تصنيع تخطط لأتمتة خطوط إنتاجها لتقليل التكاليف.
- **المخاطر المحددة:** التكاليف الأولية المرتفعة، مقاومة الموظفين، واحتمالات فشل التقنية.
- **الإجراءات المتخذة:**
  ○إجراء تحليل للتكلفة والعائد لتبرير الاستثمار.
  ○تقديم تدريبات للموظفين لتقليل المقاومة.
  ○الشراكة مع مزودي تقنيات موثوقين لتقليل مخاطر الفشل.
- **النتيجة:** خفضت الأتمتة التكاليف بنسبة 20% مع الحفاظ على رضا القوى العاملة.

دراسة حالة 2: التوسع في السوق لسلسلة متاجر تجزئة

◈ **السيناريو:** سلسلة متاجر تخطط لدخول سوق دولي جديد.

◈ **المخاطر المحددة:** قضايا الامتثال التنظيمي، والاختلافات الثقافية في تفضيلات المستهلكين.

◈ **الإجراءات المتخذة:**

o تعيين خبراء قانونيين محليين لضمان الامتثال.

o إجراء أبحاث السوق لتكييف العروض مع الأذواق المحلية.

◈ **النتيجة:** دخول سلس إلى السوق وتحقيق أهداف المبيعات خلال السنة الأولى.

1. أفضل الممارسات لدمج سجلات المخاطر مع التخطيط الاستراتيجي

• **ابدأ من الأعلى:** اشرك القيادة العليا في مراجعات سجل المخاطر لضمان المواءمة مع أولويات المنظمة.

• **ازرع ثقافة إدارة المخاطر:** شجع الفرق على جميع المستويات لتحديد المخاطر وإدارتها بشكل استباقي.

• **استخدم التكنولوجيا:** استعن بأدوات البرمجيات لدمج سجلات المخاطر مع لوحات معلومات التخطيط الاستراتيجي.

• **قيّم الفعالية بانتظام:** قم بمراجعة عملية إدارة المخاطر بشكل دوري لضمان مواءمتها مع الأهداف الاستراتيجية.

الخاتمة

يسمح دمج سجلات المخاطر مع التخطيط الاستراتيجي للمنظمات بمواءمة ممارسات إدارة المخاطر مع الأهداف طويلة الأجل، مما يعزز عملية اتخاذ القرارات وتخصيص الموارد. من خلال معالجة المخاطر بشكل استباقي، يمكن للمنظمات تحويل العقبات المحتملة إلى فرص للنمو والمرونة.

سيركز الفصل التالي، **الأدوات والتقنيات المتقدمة لإدارة المخاطر**، على استكشاف الأساليب والتقنيات الحديثة لتحسين عملية إدارة المخاطر.

الفصل التاسع: الأدوات والتقنيات المتقدمة لإدارة المخاطر

المقدمة

ع ازدياد تعقيد المخاطر وترابطها، قد لا تكون الأساليب التقليدية لإدارة المخاطر كافية. توفر الأدوات والتقنيات المتقدمة وسائل مبتكرة لتحسين قدرة المؤسسات على تحديد المخاطر وتحليلها والتخفيف من حدتها. بدءًا من الذكاء الاصطناعي إلى التحليلات التنبؤية، توفر هذه الابتكارات حلولًا قوية للتحديات الحديثة في إدارة المخاطر.

يتناول هذا الفصل الأدوات والتقنيات الحديثة وتطبيقاتها وكيف يمكن للمؤسسات الاستفادة منها لتحسين عمليات إدارة المخاطر.

1. التحليلات التنبؤية في إدارة المخاطر

تستخدم التحليلات التنبؤية البيانات والخوارزميات الإحصائية والتعلم الآلي للتنبؤ بالأحداث المستقبلية. في إدارة المخاطر، تساعد في توقع المخاطر المحتملة والتخطيط للاستجابات المناسبة.

تطبيقات التحليلات التنبؤية:

- **مخاطر سلسلة التوريد:** التنبؤ بالتأخيرات من خلال تحليل أنماط الطقس والأحداث الجيوسياسية وأداء الموردين.
- **المخاطر المالية:** توقع اتجاهات السوق لتحديد المخاطر الاستثمارية المحتملة.
- **المخاطر التشغيلية:** استخدام البيانات التاريخية للتنبؤ بأعطال المعدات.

مثال:

شركة تصنيع تستخدم التحليلات التنبؤية للتنبؤ بأوقات تعطل الآلات، مما يتيح الصيانة الاستباقية وتقليل التوقفات.

2. الذكاء الاصطناعي والتعلم الآلي

يمكن للذكاء الاصطناعي (AI) والتعلم الآلي (ML) معالجة كميات هائلة من البيانات لتحديد الأنماط والاتجاهات التي قد تشير إلى مخاطر ناشئة.

فوائد الذكاء الاصطناعي والتعلم الآلي:

- **تحديد المخاطر:** اكتشاف المخاطر من مصادر بيانات غير منظمة مثل المقالات الإخبارية ووسائل التواصل الاجتماعي.
- **المراقبة في الوقت الفعلي:** تحليل تدفقات البيانات بشكل فوري للحصول على تنبيهات فورية حول المخاطر.
- **تقييم المخاطر تلقائيًا:** تعيين تقييمات الاحتمالية والتأثير بناءً على البيانات التاريخية والاتجاهات.

مثال:

شركة مالية تستخدم الذكاء الاصطناعي لمراقبة الأخبار العالمية ووسائل التواصل الاجتماعي لاكتشاف علامات على عدم استقرار اقتصادي وتعديل استراتيجيتها الاستثمارية.

3. منصات إدارة المخاطر المتكاملة (IRM)

توفر منصات IRM نظامًا مركزيًا لإدارة المخاطر عبر المنظمة. تتيح هذه الأدوات التعاون وإعداد التقارير وتحليل البيانات.

ميزات منصات IRM:

◈ **لوحات معلومات قابلة للتخصيص:** تتبع المقاييس المرتبطة بالمخاطر في الوقت الفعلي.

◈ **أتمتة سير العمل:** تبسيط عمليات التخفيف من خلال أتمتة المهام الروتينية.

◈ **التكامل المؤسسي:** ربط جهود إدارة المخاطر بالوظائف الأخرى مثل الامتثال والتدقيق.

أمثلة على منصات IRM:

- **LogicManager:** يركز على الحوكمة والمخاطر والامتثال.
- **Resolver:** متخصص في تتبع الحوادث والمخاطر.

حالة استخدام:

تستخدم منظمة رعاية صحية منصة IRM مما يضمن الامتثال لإدارة المخاطر عبر الأقسام،
للوائح وتحسين سلامة المرضى.

4. تقنية البلوكشين للشفافية في المخاطر

توفر تقنية البلوكشين طريقة آمنة وشفافة لإدارة البيانات، مما يجعلها ذات قيمة لإدارة
المخاطر في سلاسل التوريد والمعاملات المالية والأمن السيبراني.

تطبيقات البلوكشين في إدارة المخاطر:

- **سلامة سلسلة التوريد:** تتبع المنتجات في الوقت الفعلي لتحديد المخاطر مثل
التزوير أو التأخيرات.
- **العقود الذكية:** أتمتة الالتزامات التعاقدية، مما يقلل من مخاطر النزاعات.
- **أمن البيانات:** توفير سجلات غير قابلة للتلاعب لضمان سلامة البيانات.

مثال:

شركة أدوية تستخدم البلوكشين لضمان أصالة الأدوية في سلسلة التوريد، مما يقلل من
مخاطر المنتجات المقلدة.

5. تخطيط السيناريوهات واختبارات الضغط

يسمح تخطيط السيناريوهات واختبارات الضغط بتقييم استعداد المؤسسات للمخاطر
المحتملة من خلال محاكاة سيناريوهات مختلفة.

خطوات تخطيط السيناريوهات:

- **تحديد المخاطر الحرجة:** التركيز على المخاطر ذات التأثير العالي.
- **تطوير السيناريوهات:** إنشاء سيناريوهات أفضل حالة وأسوأ حالة والأكثر
ترجيحًا.
- **تقييم التأثير:** تقييم كيفية تأثير كل سيناريو على العمليات والأهداف.
- **إعداد الاستجابات:** تطوير خطط طوارئ لكل سيناريو.

مثال:

بنك يجري اختبارات ضغط لتقييم تأثير الركود الاقتصادي المفاجئ، مما يكشف عن نقاط الضعف في محفظة القروض الخاصة به.

6. إنترنت الأشياء (IoT) للمراقبة في الوقت الفعلي

تجمع أجهزة إنترنت الأشياء البيانات من الأصول المادية في الوقت الفعلي، مما يوفر رؤى حول المخاطر المحتملة.

تطبيقات إنترنت الأشياء:

- **مراقبة المعدات:** تتبع أداء الآلات للتنبؤ بالأعطال.
- **مراقبة البيئة:** اكتشاف المخاطر مثل تقلبات درجات الحرارة أو الظروف الخطرة.
- **إدارة الأسطول:** مراقبة مواقع المركبات وظروفها لتحسين السلامة والكفاءة.

مثال:

شركة لوجستية تستخدم مستشعرات إنترنت الأشياء لمراقبة درجة حرارة البضائع القابلة للتلف أثناء النقل، مما يمنع التلف.

7. أدوات تصور المخاطر

تحسن أدوات تصور البيانات من تحليل المخاطر من خلال تقديم بيانات معقدة بتنسيقات سهلة الفهم.

طرق التصور الشائعة:

- **خرائط الحرارة:** تعرض احتمالية وتأثير المخاطر في شبكة مرمزة بالألوان.
- **أشجار المخاطر:** توضح التبعيات والتأثيرات المتتالية للمخاطر.
- **لوحات القيادة:** توفر نظرة عامة في الوقت الفعلي على مقاييس المخاطر.

مثال:

فريق إدارة مشروع يستخدم خريطة حرارة لتحديد أولويات المخاطر بناءً على تأثيرها واحتماليتها، مما يضمن معالجة القضايا الحرجة أولاً.

8. أدوات الأمن السيبراني لإدارة المخاطر

مع تزايد تهديدات الأمن السيبراني، تساعد الأدوات المتخصصة المؤسسات على تحديد المخاطر والتخفيف منها في بنيتها التحتية الرقمية.

أمثلة على أدوات الأمن السيبراني:

- **الجدران النارية وأنظمة كشف التسلل:** تمنع الوصول غير المصرح به إلى الأنظمة.
- **ماسحات الثغرات:** تحدد نقاط الضعف في البرامج والأجهزة.
- **منصات الاستجابة للحوادث:** تنسق وتوثق الاستجابات للحوادث السيبرانية.

مثال:

شركة تجارة إلكترونية تستخدم ماسح الثغرات للكشف عن نقاط الضعف المحتملة في موقعها الإلكتروني، مما يحمي بيانات العملاء من الاختراقات.

9. دمج الأدوات لتحقيق أقصى تأثير

يمكن أن يؤدي استخدام أدوات وتقنيات متعددة معًا إلى تحسين جهود إدارة المخاطر.

مثال على نهج متكامل:

- **التحليلات التنبؤية:** لتوقع المخاطر.
- **مراقبة الذكاء الاصطناعي:** لتحديد التهديدات الناشئة في الوقت الفعلي.
- **البلوكشين:** لضمان الشفافية وأمان البيانات.
- **مستشعرات إنترنت الأشياء:** لتقديم تحديثات في الوقت الفعلي حول الأصول المادية.

10. التدريب وتنمية المهارات

تتطلب الأدوات المتقدمة أفرادًا ماهرين لتشغيلها وتفسير نتائجها بفعالية. يجب على المؤسسات الاستثمار في التدريب لتعظيم فوائد هذه التقنيات.

مجالات التدريب الموصى بها:

- التحليلات البيانية والذكاء الاصطناعي.
- أساسيات الأمن السيبراني.
- تخطيط السيناريوهات وإدارة الأزمات.

الخاتمة

تُحدث الأدوات والتقنيات المتقدمة تحولًا في كيفية إدارة المؤسسات للمخاطر. من خلال الاستفادة من تقنيات مثل التحليلات التنبؤية والذكاء الاصطناعي والبلوكشين، يمكن للمؤسسات تعزيز قدراتها في إدارة المخاطر والبقاء مرنة في مواجهة عدم اليقين.

سيركز الفصل التالي، **الاتجاهات المستقبلية في إدارة المخاطر**، على التطورات والابتكارات الناشئة التي تشكل مستقبل هذا المجال الحيوي.

الفصل العاشر: الاتجاهات المستقبلية في إدارة المخاطر

المقدمة

يتطور مجال إدارة المخاطر بسرعة استجابة للتغيرات في المشهد العالمي. تعمل التقنيات الناشئة، والمتطلبات التنظيمية الجديدة، والعالم المترابط بشكل متزايد على إعادة تشكيل كيفية تعامل المؤسسات مع المخاطر. يساعد فهم الاتجاهات المستقبلية المنظمات على التنبؤ بالتحديات واغتنام الفرص لتعزيز المرونة.

يستعرض هذا الفصل الاتجاهات الرئيسية التي تشكل مستقبل إدارة المخاطر، بدءًا من التقنيات المتقدمة إلى التحولات في أولويات المؤسسات.

1.الاعتماد المتزايد على الذكاء الاصطناعي (AI)

أصبح الذكاء الاصطناعي حجر الأساس في إدارة المخاطر بفضل قدرته على معالجة كميات هائلة من البيانات بسرعة ودقة.

التطورات الرئيسية:

- **الكشف المتقدم عن المخاطر:** يحدد الذكاء الاصطناعي المخاطر في الوقت الفعلي من خلال تحليل الأنماط في البيانات.
- **النمذجة التنبؤية:** تتنبأ خوارزميات التعلم الآلي بالمخاطر المحتملة بدقة أكبر.
- **الأتمتة:** يقوم الذكاء الاصطناعي بأتمتة المهام الروتينية مثل تقييم المخاطر ومراقبة الامتثال.

إمكانيات المستقبل:

قد تتطور أدوات الذكاء الاصطناعي لمحاكاة سيناريوهات معقدة، مما يمكّن المنظمات من الاستعداد للمخاطر النادرة ولكن ذات التأثير العالي.

مثال:

شركة تأمين تستخدم الذكاء الاصطناعي لتحليل بيانات العملاء واكتشاف المطالبات الاحتيالية بشكل أكثر فعالية

1.دمج مخاطر ESG

أصبحت عوامل البيئة والمجتمع والحوكمة (ESG) مركزية في إدارة المخاطر مع تزايد مطالبة أصحاب المصلحة بالمساءلة.

مجالات مخاطر ESG الناشئة:

- **المخاطر البيئية**: تغير المناخ، انبعاثات الكربون، واستنزاف الموارد الطبيعية.
- **المخاطر الاجتماعية**: ممارسات العمل، التنوع، وتأثيرات المجتمع.
- **مخاطر الحوكمة**: الانتهاكات الأخلاقية، خصوصية البيانات، والامتثال التنظيمي.

آثار المستقبل:

في أطر إدارة المخاطر الخاصة بها لمواكبة ESG ستحتاج المنظمات إلى تضمين اعتبارات الضغوط التنظيمية والسوقية المتزايدة.

مثال:

في سجل المخاطر لمراقبة انبعاثات الكربون والامتثال ESG شركة تصنيع تدمج مقاييس التنظيمي.

1.الأمن السيبراني والمرونة الرقمية

مع تسارع التحول الرقمي، أصبحت مخاطر الأمن السيبراني أكثر تطورًا وانتشارًا.

اتجاهات إدارة المخاطر السيبرانية:

- **نماذج أمان الثقة الصفرية**: نهج "عدم الثقة بأي شيء، والتحقق من كل شيء".
- **الدفاعات السيبرانية بالذكاء الاصطناعي**: أدوات تكتشف التهديدات وتستجيب لها في الوقت الفعلي.
- **حماية البيانات المتكاملة**: أنظمة مركزية لحماية المعلومات الحساسة عبر المنصات.

التوقعات المستقبلية:

ستستثمر المؤسسات في المرونة السيبرانية، وليس فقط الوقاية، لضمان قدرتها على التعافي بسرعة من الهجمات.

مثال:

مؤسسة مالية تنفذ بنية أمان قائمة على الثقة الصفرية لتقليل مخاطر التهديدات الداخلية.

1.الاستخدام المتقدم للتحليلات التنبؤية

من المتوقع أن تلعب التحليلات التنبؤية دورًا أكبر في التنبؤ بالمخاطر عبر الصناعات.

تطورات التحليلات التنبؤية:

●**تحليلات السلوك:** توقع المخاطر بناءً على سلوك الموظفين والعملاء.
●**تكامل البيانات العالمية:** استخدام بيانات عالمية في الوقت الفعلي للتنبؤ بالمخاطر الاقتصادية والجيوسياسية.
●**نماذج متخصصة حسب القطاع:** تكييف الأدوات التنبؤية للتحديات الخاصة بكل صناعة.

مثال:

شركة لوجستية تستخدم التحليلات التنبؤية لتوقع اضطرابات سلسلة التوريد الناجمة عن الأحداث الجيوسياسية.

1.الامتثال التنظيمي الاستباقي

تزداد تعقيد البيئات التنظيمية، مما يتطلب من المؤسسات تبني استراتيجيات امتثال استباقية.

اتجاهات المستقبل في الامتثال:

●**المراقبة في الوقت الفعلي:** أدوات آلية لتتبع مؤشرات الامتثال باستمرار.
●**المعايير العالمية:** ستتبنى المؤسسات أطر امتثال دولية لتبسيط العمليات عبر الحدود.
●**تنظيم الذكاء الاصطناعي الأخلاقي:** ضمان التزام أدوات الذكاء الاصطناعي والأتمتة بالمبادئ الأخلاقية.

مثال:

شركة أدوية تستخدم برمجيات مراقبة الامتثال لضمان الالتزام بمعايير سلامة الأدوية الدولية المتغيرة.

1.التركيز المتزايد على المرونة واستمرارية الأعمال

تتحول المؤسسات من إدارة المخاطر التفاعلية إلى بناء المرونة وضمان استمرارية الأعمال.

الممارسات الناشئة:

- **تخطيط السيناريوهات**: الاستعداد لمجموعة واسعة من الأزمات المحتملة.
- **العمليات اللامركزية**: إنشاء أنظمة احتياطية في سلاسل التوريد وأنظمة تكنولوجيا المعلومات.
- **دمج الاستدامة**: دمج الأهداف المستدامة لتقليل المخاطر طويلة الأجل.

مثال:

شركة تقنية متنوعة قاعدة الموردين الخاصة بها لتقليل الاعتماد على منطقة واحدة، مما يضمن استمرارية العمليات أثناء الاضطرابات العالمية

1.زيادة التركيز على خصوصية البيانات والأخلاقيات

مع تزايد الوعي حول خصوصية البيانات والقضايا الأخلاقية، يجب على المؤسسات معالجة المخاطر المتعلقة بمعالجة البيانات.

مجالات التركيز الرئيسية:

- **سيادة البيانات**: ضمان الامتثال للقوانين المحلية حيث يتم تخزين البيانات ومعالجتها.
- **الشفافية في الذكاء الاصطناعي**: ضمان أن تكون أدوات الذكاء الاصطناعي قابلة للتفسير وخالية من التحيز.
- **ثقة المستهلك**: بناء الثقة من خلال حماية بيانات المستخدم والحفاظ على الشفافية.

مثال:

شركة تجارة إلكترونية تحدث سياسات الخصوصية ومعايير التشفير الخاصة بها لتلبية متطلبات حماية البيانات الجديدة.

1.التعاون في إدارة المخاطر

تتزايد مبادرات التعاون بين الصناعات لإدارة المخاطر المشتركة مثل تغير المناخ وتهديدات الأمن السيبراني.

فوائد التعاون:

- **مشاركة المعرفة:** تبادل الرؤى وأفضل الممارسات عبر القطاعات.
- **الموارد المشتركة:** تجميع الموارد للبحث والتطوير.
- **المعايير الصناعية:** وضع معايير مشتركة لمعالجة التحديات المشتركة.

مثال:

تحالف من البنوك يتعاون لإنشاء بروتوكولات مشتركة للأمن السيبراني لمكافحة التصيد والاحتيال.

1. أدوات التصور والإبلاغ المتقدمة

تساعد أدوات التصور المتقدمة المؤسسات على فهم المخاطر بشكل أكثر وضوحًا.

القدرات المستقبلية:

- **لوحات القيادة التفاعلية:** تمكّن من استكشاف بيانات المخاطر في الوقت الفعلي.
- **الواقع المعزز (AR):** تصور المخاطر في الأماكن المادية، مثل تخطيطات المصانع.
- **التقارير بمساعدة الذكاء الاصطناعي:** إنشاء تقارير المخاطر مع رؤى قابلة للتنفيذ تلقائيًا.

مثال:

شركة تصنيع تستخدم الواقع المعزز لتصور مناطق مخاطر الحرائق في مرافق الإنتاج الخاصة بها.

1. التحول الثقافي نحو الوعي بالمخاطر

تعمل المؤسسات على زرع ثقافة الوعي بالمخاطر لضمان أن يساهم جميع الموظفين في تحديد المخاطر وإدارتها.

المبادرات الرئيسية:

- **برامج التدريب**: تثقيف الموظفين حول ممارسات إدارة المخاطر.
- **المساءلة عن المخاطر**: تضمين إدارة المخاطر في مقاييس أداء القيادة.
- **التعاون متعدد الوظائف**: القضاء على العزلة لتمكين رؤية شاملة للمخاطر.

مثال:

سلسلة متاجر تجزئة تدرب مديري الفروع على تحديد المخاطر والإبلاغ عنها مثل مخاطر السلامة وسرقة المخزون.

الخاتمة

يكمن مستقبل إدارة المخاطر في الاستفادة من التقنيات المتقدمة، وتعزيز التعاون، وترسيخ الوعي بالمخاطر في ثقافة المؤسسات. من خلال مواكبة الاتجاهات الناشئة، يمكن للمنظمات التنقل عبر حالات عدم اليقين بثقة ومرونة.

هذا الفصل يختتم الفصول الرئيسية للكتاب. ستوفر **المواد التكميلية** القادمة موارد إضافية وقوالب وأدوات لدعم رحلتك في إدارة المخاطر.

المواد التكميلية: أدوات وموارد لإدارة المخاطر بفعالية

المقدمة

وفر هذه المواد أدوات وقوالب وموارد عملية مكملة للفصول السابقة من هذا الكتاب. سواء كنت خبيرًا في إدارة المخاطر أو مبتدئًا، ستساعدك هذه المواد في تبسيط عمليات إدارة المخاطر وتعزيز قدرتك على تحديد المخاطر وتحليلها والتخفيف منها بفعالية.

1. قوالب سجل المخاطر

فيما يلي قوالب مصممة لتلبية احتياجات ومستويات تعقيد مختلفة.

قالب سجل المخاطر الأساسي

مناسب للمشاريع الصغيرة أو المنظمات ذات المتطلبات البسيطة.

معرف الخطر	الوصف	الاحتمالية	التأثير	المسؤول	خطة التخفيف	الحالة
001	تأخيرات سلسلة التوريد	مرتفعة	متوسطة	فريق المشتريات	تنويع الموردين	قيد التقدم

قالب سجل المخاطر المتقدم

مناسب للمشاريع الكبيرة أو المنظمات التي تواجه مخاطر أكثر تعقيدًا.

معرف الخطر	الوصف	الفئة	الاحتمالية	التأثير	المسؤول	الحدث المحفز	خطة التخفيف	خطة الاستجابة	الحالة
002	اختراق أمني	مخاطر تقنية	متوسطة	مرتفعة	مدير تقنية المعلومات	محاولات تسجيل دخول مشبوهة	تفعيل المصادقة الثنائية	عزل الأنظمة المتأثرة	مفتوح

2. قالب مصفوفة تأثير المخاطر

يمكنك استخدام هذه المصفوفة لتصور المخاطر بناءً على احتمالية حدوثها وتأثيرها.

التأثير ←	تأثير منخفض	تأثير متوسط	تأثير مرتفع
احتمالية منخفضة	مراقبة	مراقبة	التخطيط للطوارئ
احتمالية متوسطة	مراقبة	التخفيف	التخطيط للطوارئ
احتمالية مرتفعة	التخفيف	التصرف فورًا	التصرف فورًا

استخدام واقعي:

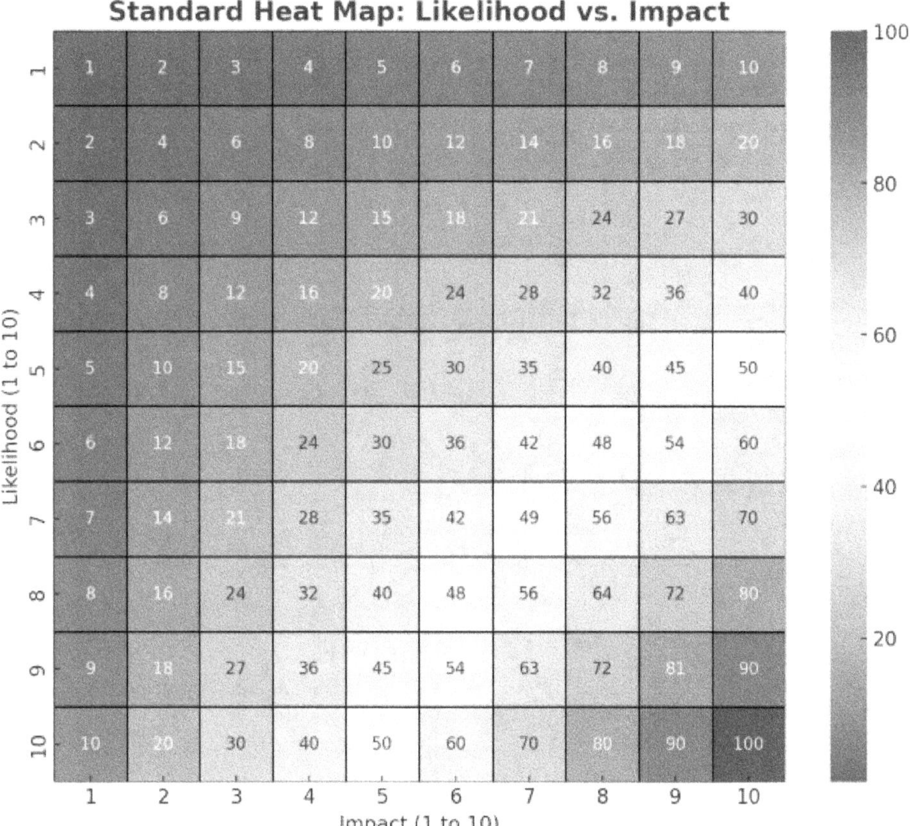

خريطة حرارية لتقييم المخاطر بناءً على التأثير والاحتمالية، مع تصنيف كل منهما من 1 (منخفض) إلى 10 (مرتفع):

حقائق مهمة:

• **المحور الأفقي (X):** يمثل التأثير، بقيم تتراوح من 1 (منخفض) إلى 10 (مرتفع).

• **المحور العمودي (Y):** يمثل الاحتمالية، بقيم تتراوح من 1 (منخفض) إلى 10 (مرتفع).

• **قيم الخلايا:** تمثل حاصل ضرب الاحتمالية في التأثير؛ على سبيل المثال، احتمالية 5 وتأثير 5 ينتج عنه قيمة 25.

• **تصنيف الألوان:**

◦ **أخضر:** قيم ذات مخاطر منخفضة.

◦ **أصفر:** قيم ذات مخاطر متوسطة.

◦ **أحمر أو أحمر داكن:** قيم ذات مخاطر عالية.

تساعد هذه الخريطة الحرارية في توضيح مستوى خطورة المخاطر المختلفة.

شرح مفصل لثلاثة أمثلة على المخاطر (12، 48، و81) وكيفية حسابها وتفسيرها:

المخاطرة 1: الدرجة الكلية 12

• **الاحتمالية: 3**

◦ بعد تحليل المعطيات، تم تحديد أن الحدث لديه فرصة متوسطة للحدوث (3 من 10).

◦ مثال: تأخيرات موسمية تسببت في مشكلة بسيطة في سلسلة التوريد.

• **التأثير: 4**

◦ عند النظر في التأثيرات المحتملة، تم تحديد خسارة مالية أو تشغيلية طفيفة (4 من 10).

◦ مثال: تأخيرات مؤقتة تؤدي إلى زيادة تكاليف النقل، ولكن يمكن التعامل معها ضمن الميزانية.

• **الحساب:**

◦ المخاطرة الكلية = الاحتمالية × التأثير = 3 × 4 = 12.

◦ هذا يشير إلى مخاطرة منخفضة، كما هو موضح باللون الأخضر في الخريطة الحرارية.

المخاطرة 2: الدرجة الكلية 48

• **الاحتمالية: 6**

◦ التحليل يظهر فرصة عالية للحدوث بسبب وجود عدة إشارات تحذيرية (6 من 10).

◦ مثال: معدات حيوية تحتاج إلى صيانة متكررة وتتعرض لأعطال متكررة.

• **التأثير: 8**

∘التأثيرات المحتملة، مثل التوقف عن العمل وتفويت الأهداف، تعتبر كبيرة (8 من 10).

مثال: توقف الإنتاج مما يؤدي إلى تأخير الطلبات وتكاليف مالية.

•الحساب:

∘المخاطرة الكلية = الاحتمالية × التأثير = 6 × 8 = 48.

∘الخريطة الحرارية تشير إلى أن هذه مخاطرة متوسطة إلى عالية، موضحة باللون الأصفر.

المخاطرة 3: الدرجة الكلية 81

•الاحتمالية: 9

∘الاحتمالية عالية (9 من 10) بسبب وجود اتجاهات مستمرة وإشارات تحذيرية متكررة.

مثال: تدهور اقتصادي يؤثر على الموردين الأساسيين في المنطقة.

•التأثير: 9

∘التأثير شديد، مما يسبب خسائر مالية وسمعة كبيرة (9 من 10).

مثال: توقف كامل للإنتاج لعدة أسابيع مما يؤدي إلى فقدان عملاء رئيسيين.

•الحساب:

∘المخاطرة الكلية = الاحتمالية × التأثير = 9 × 9 = 81.

∘الخريطة الحرارية تشير إلى أن هذه مخاطرة عالية، موضحة باللون الأحمر.

ملخص الألوان:

•مستوى مخاطرة 12: أخضر

∘يمكن التحكم فيه؛ الفحوصات الدورية والإصلاحات البسيطة كافية.

•مستوى مخاطرة 48: أصفر (مخاطرة متوسطة إلى عالية)

∘يتطلب إدارة نشطة للمخاطر وتوزيع الموارد لتقليل الخطر.

•مستوى مخاطرة 81: أحمر (مخاطرة عالية)

∘يجب اتخاذ إجراءات فورية لمنع أو تقليل التأثيرات، ووضع خطط طوارئ.

توضح هذه العملية كيف يتفاعل تحليل الاحتمالية والتأثير معًا لتحديد مستويات المخاطر واتخاذ الإجراءات المناسبة.

3. لوحات معلومات إدارة المخاطر

مثال على تخطيط لوحة المعلومات

• المقاييس الرئيسية:
- إجمالي المخاطر المحددة: 45.
- المخاطر ذات الأولوية العالية: 10.
- المخاطر التي تم تخفيفها: 25.
- المخاطر المفتوحة: 15.

• العناصر البصرية:
- مخطط دائري: فئات المخاطر (تشغيلية، استراتيجية، امتثال).
- رسم بياني شريطي: حالة المخاطر (مفتوحة، قيد التقدم، تم حلها).
- خريطة حرارة: الاحتمالية مقابل التأثير.

أدوات مقترحة لإنشاء لوحة المعلومات:

- **MICROSOFT POWER BI**: مناسب للتصورات المتقدمة والتتبع في الوقت الفعلي.

- **Tableau**: يوفر واجهة سهلة الاستخدام وقابلة للتخصيص للبيانات الكبيرة.

- **Google Sheets**: مناسب للتتبع الأساسي باستخدام المخططات والرسوم البيانية.

4. قائمة مرجعية لإدارة المخاطر

لبدء سجل المخاطر:

- حدد نطاق السجل والغرض منه.
- اجمع مدخلات من أصحاب المصلحة.
- صنف المخاطر بشكل مناسب.
- عيّن مسؤولية لكل خطر.
- ضع جدولاً للمراجعة الدورية.

لمتابعة المخاطر:

- قم بتحديث سجل المخاطر بانتظام (مثل أسبوعيًا أو شهريًا).

- تتبع تقدم التخفيف.
- عدل الأولويات بناءً على المستجدات.
- تواصل مع أصحاب المصلحة بشأن التغييرات.

لإغلاق المخاطر:

- تحقق من نجاح جهود التخفيف.
- قم بتوثيق الدروس المستفادة.
- أرشفة المخاطر المغلقة للرجوع إليها مستقبلاً.

5. قالب لتخطيط السيناريوهات

إجراءات التحضير	الاحتمالية	التأثير	الوصف	السيناريو
مراقبة ظروف الطقس عن كثب	متوسطة	منخفض	تأخيرات طفيفة في سلسلة التوريد	أفضل حالة
تحديد موردين بدلاء مسبقًا	منخفض	مرتفع	إغلاق المورد الرئيسي	أسوأ حالة
التفاوض على وقت احتياطي في العقود	مرتفع	متوسط	تأخيرات متقطعة	الأكثر ترجيحا

6. مسرد المصطلحات الأساسية

التعريف	المصطلح
احتمال وقوع الخطر.	**احتمالية الخطر**
شدة العواقب إذا تحقق الخطر.	**تأثير الخطر**
الإجراءات المتخذة لتقليل احتمالية الخطر أو تأثيره.	**خطة التخفيف**
مستوى الخطر المتبقي بعد جهود التخفيف.	**المخاطر المتبقية**
تمثيل بصري يوضح المخاطر بناءً على احتمالية الحدوث والتأثير.	**خريطة الحرارة**

7. أدوات ومنصات موصى بها

برامج إدارة المخاطر:

- **LogicManager:** مثالي للحوكمة والمخاطر والامتثال.
- **Resolver:** متخصص في تتبع الحوادث والمخاطر.

أدوات تصور البيانات:

- **Microsoft Power BI**
- **Tableau**

منصات التعاون:

- **Slack:** للتواصل وتحديثات الفريق.
- **Microsoft Teams:** للتعاون ومشاركة الوثائق.

8. قراءات وموارد إضافية

كتب حول إدارة المخاطر:

- "*Enterprise Risk Management: From Incentives to Controls*" by James Lam.
- "*Against the Gods: The Remarkable Story of Risk*" by Peter L. Bernstein.

معايير صناعية:

- **ISO 31000:** إرشادات إدارة المخاطر.
- **COSO Framework:** إطار عمل إدارة المخاطر المؤسسية.

مواقع ويب وموارد عبر الإنترنت:

- جمعية إدارة المخاطر (**RMA**)[1]: www.rmahq.org
- معهد إدارة المشاريع (**PMI**)[2]: www.pmi.org

الخاتمة

تهدف المواد التكميلية المقدمة هنا إلى تزويدك بأدوات وموارد عملية لإدارة المخاطر بفعالية. سواء كنت تبدأ من الصفر أو تعزز عملية إدارة المخاطر الحالية، ستساعدك هذه الموارد على التنظيم والاستباقية والمرونة.

www.ingramcontent.com/pod-product-compliance
Lightning Source LLC
Chambersburg PA
CBHW071447150726
48000CB00006B/2468